周敏 杜延军 著

埋地HDPE管道的受力响应与加筋保护

Mechanical Responses and Reinforcement Protection of Buried HDPE Pipes

化学工业出版社

·北京·

内容简介

本书共 7 章，以 HDPE 管道为研究对象，针对其在地基不均匀沉降下的力学相应特征，通过试验进行了深入的研究，主要包括施工过程中埋地 HDPE 管道的受力变形特征、埋地 HDPE 管道在地基局部不均匀沉降下的力学响应、土工合成材料对埋地 HDPE 管道在地基局部不均匀沉降下的加筋保护、埋地 HDPE 管道在断层引发地基错动下的力学响应、HDPE 管道接头在断层引发地基错动下的力学响应几个方面。

本书具有较强的专业性和参考性，可供从事 HDPE 塑料管道生产的专业人员，涉及铺设 HDPE 塑料管道的市政领域、建筑领域、输气领域的工程技术人员参考，也可供高等学校土木工程、管道工程及相关专业师生参阅。

图书在版编目（CIP）数据

埋地 HDPE 管道的受力响应与加筋保护/周敏，杜延军著.—北京：化学工业出版社，2023.7
ISBN 978-7-122-43365-7

Ⅰ.①埋… Ⅱ.①周… ②杜… Ⅲ.①聚乙烯塑料-埋地管道-受力性能②聚乙烯塑料-埋地管道-加筋 Ⅳ.①U173.9

中国国家版本馆 CIP 数据核字（2023）第 072393 号

| 责任编辑：刘　婧　刘兴春 | 文字编辑：王云霞 |
| 责任校对：张茜越 | 装帧设计：史利平 |

出版发行：化学工业出版社（北京市东城区青年湖南街 13 号　邮政编码 100011）
印　　装：北京建宏印刷有限公司
710mm×1000mm　1/16　印张 14¼　彩插 2　字数 246 千字
2023 年 7 月北京第 1 版第 1 次印刷

购书咨询：010-64518888　　　　　　　　　　售后服务：010-64518899
网　　址：http://www.cip.com.cn
凡购买本书，如有缺损质量问题，本社销售中心负责调换。

定　　价：98.00 元　　　　　　　　　　　　版权所有　违者必究

前言

管道工程在国家经济建设以及人们的日常生活中占据着重要的地位。在 2014 年印发的《国务院办公厅关于加强城市地下管线建设管理的指导意见》（国办发〔2014〕27 号）指出：随着城市快速发展，地下管线建设规模不足、管理水平不高等问题凸显。2017 年，在《全国城市市政基础设施建设"十三五"规划》（建城〔2017〕116 号）中明确提出：用 10 年左右时间，建成较为完善的城市地下管线体系，使地下管线建设管理水平能够适应经济社会发展需要，应急防灾能力大幅提升。近年来，我国频繁发生的地基不均匀沉降事故对地下管道系统造成了严重的破坏，尤其对于埋地高密度聚乙烯（HDPE）管道，由于其弯曲刚度较低，在地基不均匀沉降作用下更容易发生变形损坏。因此，有必要对埋地 HDPE 管道在地基不均匀沉降条件下的力学响应特征及其保护措施进行研究。

本书依托江苏省自然科学基金项目"苏锡常地面沉降区西气东输管线灾变机理及预警技术研究"（编号：BK20131294）、东南大学优秀博士学位论文培育基金"地基不均匀沉降诱发柔性地下管道力学响应特征的研究"（编号：YBJJ1632），以及江苏省普通高校研究生创新计划项目"渗水塌陷引起土体不均匀沉降诱发埋地管道工程灾变的机理研究分析"（编号：KYLX_0144）等课题，采用现场试验、数值模拟、室内模型试验以及理论计算分析等方法，对埋地 HDPE 管道在地基不均匀沉降作用下的力学响应及其保护措施进行研究。

本书由中北大学周敏和东南大学杜延军撰写，具体分工如下：杜延军撰写第 1 章和第 7 章；周敏撰写第 2~6 章，并负责全书统稿。

本书在写作过程中参考了许多书籍、技术标准、规范、规程、论文及其他资料，主要参考文献列于书末，特向相关作者表示衷心感谢。

限于著者水平及撰写时间，书中不足与疏漏之处在所难免，敬请读者批评指正。

周敏

2023 年 1 月

目录

第 1 章 绪论 ... 1

- 1.1 ▶ HDPE 管道及其应用 / 1
- 1.2 ▶ HDPE 管道国内外研究现状 / 3
  - 1.2.1 上覆土作用下管土相互作用 / 3
  - 1.2.2 地基不均匀沉降下管土相互作用 / 7
  - 1.2.3 土工合成材料对埋地管道的保护 / 13
  - 1.2.4 柔性埋地管道接头的力学性能 / 14
- 1.3 ▶ HDPE 管道现有研究总结与分析 / 18
- 1.4 ▶ 本书主要内容 / 19

第 2 章 施工过程中埋地 HDPE 管道的受力变形特征 ... 22

- 2.1 ▶ 概述 / 22
- 2.2 ▶ 现场试验 / 23
  - 2.2.1 试验现场条件 / 23
  - 2.2.2 试验材料 / 24
  - 2.2.3 试验方案 / 24
- 2.3 ▶ 数值模拟 / 26
  - 2.3.1 数值模型的建立 / 26
  - 2.3.2 数值参数敏感性分析 / 29
- 2.4 ▶ 现场试验结果及分析 / 31
  - 2.4.1 土压力 / 31
  - 2.4.2 管顶土压力现有规范计算值与现场实测值的对比 / 35
  - 2.4.3 管道竖向和水平向挠曲变形 / 37

2.4.4　管道挠曲变形现有方法计算值与现场实测值的对比　/ 38
2.5 ▶ 数值模拟结果及分析　/ 41
　　　2.5.1　数值模型的验证　/ 41
　　　2.5.2　管道顶部和侧向土压力　/ 44
　　　2.5.3　管道在填土高度小于其直径时的竖向和水平向挠曲变形　/ 52
　　　2.5.4　管道在填土高度大于其直径时的竖向和水平向挠曲变形　/ 60
2.6 ▶ 本章小结　/ 67

第 3 章
埋地 HDPE 管道在地基局部不均匀沉降下的力学响应

3.1 ▶ 概述　/ 69
3.2 ▶ 模型试验材料及方案　/ 70
　　　3.2.1　模型试验箱　/ 70
　　　3.2.2　试验材料　/ 70
　　　3.2.3　试验方案　/ 71
3.3 ▶ 模型试验结果及分析　/ 75
　　　3.3.1　没有埋设管道时土体自身的沉降变形　/ 75
　　　3.3.2　试验管道的竖向变形　/ 79
　　　3.3.3　填土表面的沉降位移　/ 85
　　　3.3.4　土压力的变化　/ 87
　　　3.3.5　考虑"三向土拱效应"的管道上覆土压力计算方法　/ 94
　　　3.3.6　"三向土拱土压力计算方法"计算值与试验实测值的对比　/ 99
3.4 ▶ 本章小结　/ 103

第 4 章
土工合成材料对埋地 HDPE 管道在地基局部不均匀沉降下的加筋保护

4.1 ▶ 概述　/ 105
4.2 ▶ 模型试验材料及方案　/ 106
　　　4.2.1　试验材料　/ 106

  4.2.2 试验方案 / 106
4.3 ▶ 数值模拟 / 110
  4.3.1 数值模型的建立 / 110
  4.3.2 数值建模的参数敏感性分析 / 112
4.4 ▶ 模型试验结果及分析 / 114
  4.4.1 试验管道的竖向变形 / 114
  4.4.2 填土表面的沉降位移 / 117
  4.4.3 土压力的变化 / 119
  4.4.4 管道环向应变的变化 / 121
4.5 ▶ 数值模拟结果及分析 / 125
  4.5.1 数值模型的验证 / 125
  4.5.2 管道竖向挠曲变形 / 127
4.6 ▶ 本章小结 / 136

第 5 章
埋地 HDPE 管道在断层引发地基错动下的力学响应 138

5.1 ▶ 概述 / 138
5.2 ▶ 模型试验材料及方案 / 139
  5.2.1 模型试验箱 / 139
  5.2.2 试验材料 / 140
  5.2.3 试验方案 / 141
5.3 ▶ 模型试验结果及分析 / 145
  5.3.1 管道"四点弯曲"试验结果 / 145
  5.3.2 模型箱试验结果 / 147
  5.3.3 模型箱试验结果讨论 / 155
5.4 ▶ 本章小结 / 157

第 6 章
HDPE 管道接头在断层引发地基错动下的力学响应 159

6.1 ▶ 概述 / 159

6.2 ▶ 模型试验材料及方案　/ 160
　　6.2.1　试验材料　/ 160
　　6.2.2　试验方案　/ 161
6.3 ▶ 模型试验结果及分析　/ 167
　　6.3.1　第1组模型试验结果　/ 167
　　6.3.2　第2组模型试验结果　/ 175
　　6.3.3　管道接头开裂破坏时的转角和剪切位移　/ 176
　　6.3.4　管道接头处的剪力计算　/ 177
6.4 ▶ 本章小结　/ 181

第 7 章
结论与展望

7.1 ▶ 本书主要成果及特点　/ 183
7.2 ▶ 未来研究方向展望　/ 186

附录

附录 A ▶ 文中主要参数符号含义　/ 187
附录 B ▶ "三向土拱土压力计算方法"的算法流程图　/ 190
附录 C ▶ "三向土拱土压力计算方法"的假定条件　/ 191
附录 D ▶ 土工布对管道加筋保护的部分数值模拟结果　/ 194
附录 E ▶ 土工合成材料对管道加筋保护方法的流程图　/ 211

参考文献

第 1 章

绪 论

1.1 HDPE 管道及其应用

管道工程是除公路运输、铁路运输、水运和航空运输以外的现代生产第五大运输方式,是城市的重要基础设施和组成部分,其应用范围涵盖市政、水利、交通和油气能源等领域,是维持现代化城市正常运作的命脉。我国现有的供水、排水、燃气和供热等市政基础设施地下管线长度已超 350 万千米,目前仍以每年 10 万千米的速度递增。《国务院办公厅关于加强城市地下管线建设管理的指导意见》[1] 提出,我国计划用 10 年左右时间,建成较为完善的城市地下管线体系,使地下管线建设管理水平能够适应经济社会发展需要,应急防灾能力大幅提升。

HDPE (high density polyethylene) 管道是一种使用高密度聚乙烯制作的管材,其不仅具有良好的经济性,而且具备接口稳定可靠及材料抗冲击、抗开裂、耐老化、耐腐蚀等一系列优点,是传统钢铁管材、聚氯乙烯饮用水管的替代产品。目前,HDPE 管道主要用于市政工程供水系统、建筑物室内给水系统、室外埋地给水系统及居住小区埋地给水系统、旧管线修复、水处理工程管道系统、灌溉及其他领域的工业用水管道等。

地下管线系统在其服役期间的结构稳定性不仅取决于管道自身的性质(管道直径、壁厚、材质等),更与管道周围土体对其的支撑作用密不可分[2]，如图 1-1 所示。管土的相互作用对地下管线能否正常稳定运行起到关键性的作用，一旦土体发生不均匀沉降，便可能导致管周填料与管道出现脱空、接触不完全等问题，从而引起管道沿横纵向的不均匀支撑，使管道结构的稳定性发生恶化，给管道安全带来重大隐患[3]。尤其对于埋地 HDPE 管道，由于其弯曲刚度较低，在地基不均匀沉降作用下更容易发生变形破坏。例如，上海市虹桥商务区由于埋地 HDPE 排水管道渗漏发生路面沉陷，而随着路面沉陷的发展，其又进一步加剧了地下排水管道的变形破坏；青岛市由于地铁开挖引发地面塌陷，进而造成埋地 HDPE 排水管道的断裂破坏；在汶川地震中，大量供水和排水管道由于横跨断层或者处于断层附近而发生拉压或者弯曲变形损坏[4]。

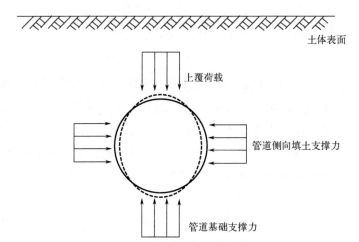

图 1-1 地下管线与周围土体的相互作用

埋地柔性管道的破坏形式和受损程度受灾害类型、灾害强度、土体运动方式、土体特性以及管道参数等多方面因素的影响，目前对地基不均匀沉降引起埋地柔性管道受力变形的研究主要集中于：

① 建立管土相互作用力学模型进行理论计算分析；
② 基于实测数据进行经验曲线拟合；
③ 运用数值软件进行模拟分析。

由于在运用管土相互作用模型求解管道内力时，往往需要已知埋地管道所受外力以对管道的挠曲变形进行计算分析，而地基发生不均匀沉降时，埋地管道所受外力一般是未知的。基于此，许多学者开始尝试直接通过现场实测数据，对埋地管道的变形进行经验性的函数曲线拟合，然而诸如忽略埋地管道刚度和管土不分离等假定条件，使其分析结果与实际情况有较大出入。数值仿真模拟能够描述材料非线性与几何非线性特性，使计算结果在一定程度上更加接近工程实际，但其计算分析的准确性更多地依赖于数值模型参数的选取，而目前对于埋地柔性管道在地基不均匀沉降条件下周围土体刚度等计算参数的取值尚不明确。

随着我国城镇化进程以及基础设施建设的不断深入，地下管线系统在社会生产生活中所发挥的作用日益凸显。然而，诸多外界不利因素给地下管线系统的正常运行带来了挑战，其中，地基不均匀沉降对地下管线系统的破坏尤为严重，由其引发的地下管线渗漏破坏会进一步侵蚀管道周围土体，进而加剧地基不均匀沉降，对地下管线系统造成二次破坏。因此，积极开展针对地基不均匀沉降作用下地下管道力学响应特征及其保护的研究显得十分迫切，其对于我国经济的发展以及人民生活水平的提高都有极为重要的意义。

1.2 HDPE 管道国内外研究现状

1.2.1 上覆土作用下管土相互作用

（1）极限平衡理论

针对埋地管道上覆土压力的计算，Marston[5] 在 1930 年提出了基于刚体极限平衡理论的"Marston 土压力计算理论"，其认为沟埋式管道的上覆土压力主要取决于管道上方填土与沟槽壁之间的摩擦力。Spangler[6] 基于 Marston 土压力计算理论，提出了上埋式管道上覆土压力的计算公式，认为管道上覆土压力取决于管道上方土柱与管侧填土上方土柱之间的相对沉降位移，即沉降位移较大土柱的自重应力通过作用在土体滑动面上的剪应力传递到沉降位移较小的土柱中,如图 1-2 所示。

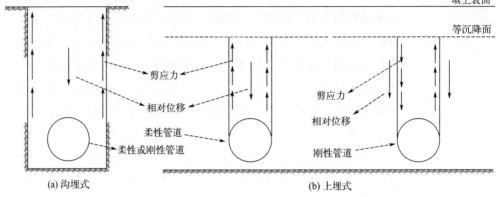

图 1-2 管道上覆土压力计算示意图

Krynine[7] 和 Handy[8] 认为在 Marston 土压力计算理论中,将作用在管道上方土体剪切滑动面上的水平土压力假定为朗肯主动土压力存在一定的局限性,并利用应力莫尔圆考虑主应力旋转对其进行了修正。曾国熙[9] 指出在 Marston 土压力计算理论中由于没有考虑管道上覆土黏聚力的影响,从而使其对管道顶部土压力的计算过于保守。Meyerhof 和 Adams[10] 认为针对埋地管道上覆土压力的计算,土体剪切滑动面上的侧向土压力系数应该取值为 0.95。Chen 等[11]、Li 等[12]、Matyas 和 Davis[13] 等学者将埋地管道上方土体的剪切滑动区域假定为"倒梯形",从而对管道顶部土压力进行计算分析。

(2) 弹性解析法

Hoeg[14] 将埋地管道周围土体假定为均质、各向同性的弹性材料,进而对管道顶部及其侧向土压力进行计算求解,如图 1-3 所示。McGrath[15] 通过考虑埋地柔性管道的环向压缩特征对 Hoeg 弹性解[14] 进行了函数曲线简化拟合,并被美国国家公路与运输协会(AASHTO)的规范所采用。Spangler[16] 将作用在埋地柔性管道侧向的水平土压力假定为抛物线形分布,针对管道在上覆土作用下的挠曲变形提出了 Iowa 计算公式。Watkins 和 Spangler[17] 指出在 Iowa 公式中所采用的土体被动阻力模量(modulus of passive resistance)并不能反映管道周围土体的力学性质,并提出了土体反力模量(modulus of soil reaction)

对 Iowa 公式进行了修正。McGrath[18] 通过考虑埋地柔性管道在上覆土作用下的环向压缩变形，在 Watkins 和 Spangler[17] 等的基础上对 Iowa 公式进行了进一步的修正。

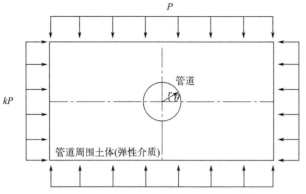

图 1-3 管土相互作用受力分析示意图[14]

（3）数值模拟

Katona[19] 和 Duncan[20] 最早利用二维有限元建模，对埋地刚性管道的上覆土压力进行了计算分析，而这种二维有限元建模方法之后也被广泛地用于分析埋地柔性管道在上覆土作用下的受力变形[21-24]。Dhar 等[21] 等利用二维有限元模型对埋地 HDPE 管道的受力变形进行了分析，指出管道周围填土的压实度过低会导致在管壁位置处发生应力集中。McGrath 等[22] 在其建立的二维数值模型中，通过在管道两侧施加额外的水平作用力，对管道在管侧土体压实过程中呈现的"竖向椭圆"变形进行模拟（如图 1-4 所示），指出土体压实装备对管道的挠曲变形有很大的影响。Taleb 和 Moore[23] 在 McGrath 等[22] 的基础上提

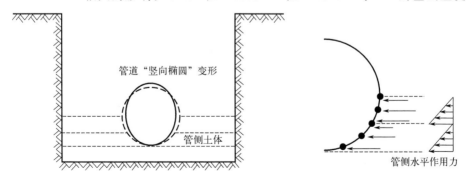

图 1-4 管道"竖向椭圆"变形数值模拟示意图

出，施加在管道两侧的水平作用力可以通过被动土压力系数计算得到。Elshimi 和 Moore[24] 进一步指出，模拟管侧填土在压缩过程中作用于管道侧向的水平力时，应该引入一个经验性的修正系数，以考虑管侧回填土体塑性变形的影响，并建议将此经验系数取为 1.0 和 2.0，以分别考虑在使用平板振动压实机和冲击夯实机压实管侧土体时的影响。

(4) 试验研究

顾安全[25] 通过室内模型试验研究指出，在埋地刚性管道上方设置柔性材料能够在其上覆土体中诱发正土拱效应，进而可以对刚性管涵起到较好的减载作用。郑俊杰等[26,27] 对埋地刚性管道上覆土中的差异沉降以及管道周围土压力的分布进行了试验研究。Abolmaali 等[28] 讨论了在砾质砂和砂质粉土填料中，管道底部土体厚度和压实度对管道力学性能的影响，指出增加管道底部土体厚度对管道内力的减小作用并不明显。Terzi 等[29] 指出当埋地 HDPE 管道周围填砂较为松散时，其在上覆土作用下的竖向挠曲变形明显大于当周围填砂较密实时的管道竖向挠曲变形。Talesnick 等[30] 指出当 HDPE 管道周围采用松砂回填时，其底部较易发生应力集中；而当管道周围采用密砂回填时，其顶部较易发生应力集中。Shmulevich 等[31,32] 通过室内模型试验对埋地柔性管道周围土压力分布及其挠曲变形进行了研究，指出管土相对刚度、管道埋深等因素对埋地管道的力学响应有显著的影响。Brachman 等[33] 通过室内模型试验对埋地柔性管道在深埋条件下的受力变形进行了研究，指出 HDPE 双壁波纹管道在其管壁位置处发生的"局部弯曲"变形对其受力变形有不可忽视的影响。Dhar 和 Moore[34] 通过室内模型试验分析了 HDPE 双壁波纹管道在深埋条件下的结构响应，指出管道腋角处填料压实度偏低会导致在其相邻管壁位置处发生应力集中。Talesnick 等[35] 采用将土压力盒嵌入 HDPE 管道管壁中的方法，以克服由土压力盒与周围土体刚度不一致而产生的"局部土拱"对土压力测量结果的影响。方有珍等[36] 对 HDPE 螺旋管在施工回填阶段的受力变形进行了现场试验研究，指出由于管道在上覆土作用下产生了向下的竖向挠曲变形，其在管道上覆土体中引发了正土拱效应，使管道顶部土压力小于管道上覆土自重。Kawabata等[37]通过现场试验对埋地柔性管道在深埋条件下的受力变形特征进行了研究，指出随着管道埋深的增加，管顶土压力呈现出明显的凹形分布。李永刚等[38,39]、边学成等[40]通过室内模型试验对沟埋式和堤埋式刚性管道顶部的土压力分布进行了研究，着重讨论了管土相对刚度和填土力学参数对管道顶部土压力的影响。

Adams等[41]对直径为600mm的HDPE管道在深埋条件下的受力变形进行了现场试验研究，指出管道顶部土压力实测值仅为管道上覆土体自重的23%。McGrath等[22]通过现场试验对HDPE管道在施工回填过程中的受力变形进行了研究，指出HDPE管道的底部土压力在管侧土体压实过程中会显著降低。Sargand等[42-44]发现HDPE管道在深埋条件下的顶部土压力仅为其上覆土体自重的33%~54%，并指出管土相互作用的影响半径约等于管道的直径。Sargand等[43]和McGrath等[22]指出在管侧回填土体的压实过程中，埋地柔性管道的竖向直径会增大，而水平向直径则相应减小，呈现出"竖向椭圆"的变形特征，此现象被称为"peaking behavior"。针对这一埋地柔性管道所特有的挠曲变形特征，Masada和Sargand[45]推导了相应的管道挠曲变形计算公式。然而，Masada和Sargand[45]并没有考虑管土界面摩擦力以及管侧填土刚度对管道挠曲变形的影响。Arockiasamy等[46]通过现场试验研究指出，埋地HDPE管道在施工回填过程中由于管侧土体压实作用而产生的"竖向椭圆"变形与其在服役期因交通荷载而引起的挠曲变形在同一个数量级。Sargand等[43]指出埋地柔性管道在施工过程中产生的"竖向椭圆"变形能够使管道的长期服役性能得到明显改善。然而在现有规范[47-49]中，均没有考虑埋地柔性管道在施工回填过程中产生的"竖向椭圆"变形对管道上覆土压力及其挠曲变形的影响。

1.2.2 地基不均匀沉降下管土相互作用

(1) Winkler弹性地基梁理论

针对埋地管道在地基不均匀沉降条件下受力变形的计算，

Winkler[50] 提出将埋地管道及其周围土体分别看作弹性梁和具有一定拉压刚度且相互独立的弹簧,如图 1-5 所示,这一方法被称为"Winkler 弹性地基梁理论"。

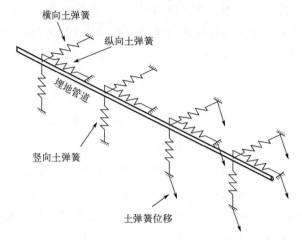

图 1-5 基于 Winkler 弹性地基梁理论的埋地管道分析模型

Benmansour 等[51] 基于 Winkler 弹性地基梁理论对埋地管道在地基不均匀支撑条件下的受力变形进行了研究,他们将这一问题分为三种情况进行考虑:

① 管道地基土体存在刚度较大的局部硬点(如颗粒较大的石块等);

② 管道地基土体存在刚度不一致的区域;

③ 管道地基土体出现局部塌陷区域。

张土乔等[52] 和陈国华等[53] 利用 Winkler 弹性地基梁计算模型对埋地管道在地基不均匀沉降条件下的受力变形进行了计算分析,获取了管道的纵向弯矩、剪力、转角以及挠度等力学响应特征。然而,Winkler 弹性地基梁模型还存在着以下缺陷:

① 在土体不均匀沉降条件下,管道周围土体刚度难以确定;

② 将管道周围土体视为相互独立的"土弹簧",忽略了土体之间的相互作用力。

针对 Winkler 弹性地基梁模型的缺陷,一些学者[54-57]采用在土弹簧之间施加诸如梁、板单元、剪力传递层和变形张力薄膜等接触单元的方法对其进行修正,提出了双参数弹性地基梁模型,如 Filonenko-Borodich 模型[55]、Pasternak 模型[57]等。申文明等[58]采用 Pasternak 双参数弹性地基梁模型，建立了考虑地基差异沉降的埋地管道纵向力学分析模型。Reissner[59,60]提出将管道地基视为半无限弹性体，进而建立相容方程、物理几何方程和静力平衡方程对管道地基不均匀沉降问题进行了求解。Jones 和 Xenophontons[61]基于变分原理在半无限弹性体模型的基础上提出了 Vlazov 模型。Teodoru[62]分别采用有限元模型和 Vlazov 模型对一个工程算例进行了分析，表明 Vlazov 模型可以比较准确地反映出弹性地基梁结构的受力变形特性。Attewell 等[63]在 Winkler 弹性地基梁模型中采用高斯曲线位移边界，针对地层扰动下的带接头管道和连续管道的结构稳定性进行了线性和非线性分析。Klar 等[64-67]在 Attewell 等[63]的基础上开展了一系列工作，推导了 Winkler 弹性地基梁模型的封闭解并加以改进，讨论了壳单元和梁单元在模拟管土相互作用时的优劣，并进一步针对管周填土塑性应变对管道结构稳定性的影响进行了计算分析。Vorster 等[68]对埋地管道在地基不均匀沉降条件下管身的弯矩分布进行了研究，提出了连续管道的设计方法和管道弯矩的上限解。我国学者张坤勇等[69]、张治国等[70]和俞剑等[71]针对施工引起的地层扰动变形对管道结构响应的影响开展了相应的理论研究。用理论计算方法研究分析埋地管道受土体不均匀沉降影响的基本思路是：建立适当的管土作用模型，由埋地管道所受外力计算出管道的挠曲变形，进而由挠曲变形计算出管道的内力分布。而事实上，在地基发生不均匀沉降时，埋地管道所受外力往往难以确定，这使上述理论计算方法难以直接应用于实际工程中。另外，虽然在 ALA[72]和 ASCE[73]规范中已经给出了埋地管道周围土体在不均匀沉降条件下的刚度建议取值，但其主要是建立在对埋地钢管的模型试验研究上，而已有研究[74,75]表明，当其被用于埋地柔性管道的受力变形计算时往往过于保守。

(2) 土体沉降槽形状函数拟合分析

许多学者通过现场实测数据，利用数学函数曲线对地基土体不均匀沉降变形进行拟合研究分析。O'Rourke 等[76]利用 Beta 概率分布函数对在地震波作用下砂土地基液化引起的地基土体局部不均匀沉降变形进行拟合分析。Suzuki 等[77]和 Kobayashi

等[78]提出用半波余弦函数的幂指数形式，对在地震波作用下由砂土地基液化引起的地基土体局部不均匀沉降变形进行拟合。O'Rourke[79]将地基土体在地震波作用下的局部不均匀沉降对埋地管道的影响分为两种类型：柔性管道跨越宽度较大的土体沉降区域及刚性管道跨越宽度较小的土体沉降区域，并提出用半波余弦函数对地基土体的不均匀沉降变形进行拟合。

Miyajima 和 Kitaura[80]提出用半波正弦函数对地基土体在地震波引发砂土地基液化作用下的局部不均匀沉降变形进行拟合。Peck[81]和 Yoosef-Ghodsi 等[82]分别用高斯曲线和修正的高斯曲线对由地铁开挖引起的地基土体局部不均匀沉降变形进行拟合分析。图 1-6 为管道在岩溶作用所引发的地基局部不均匀沉降下的挠曲变形[72]。Saiyar[74]和 Ni[75]采用修正逻辑函数对断层引发的地基错动进行拟合分析。现有研究利用函数曲线对地基发生不均匀沉降变形的拟合研究可以分为两类（图 1-7）：

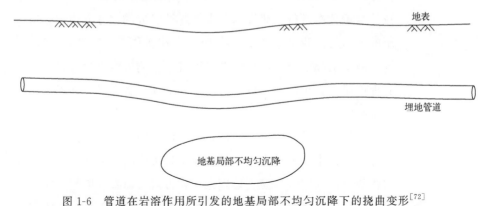

图 1-6　管道在岩溶作用所引发的地基局部不均匀沉降下的挠曲变形[72]

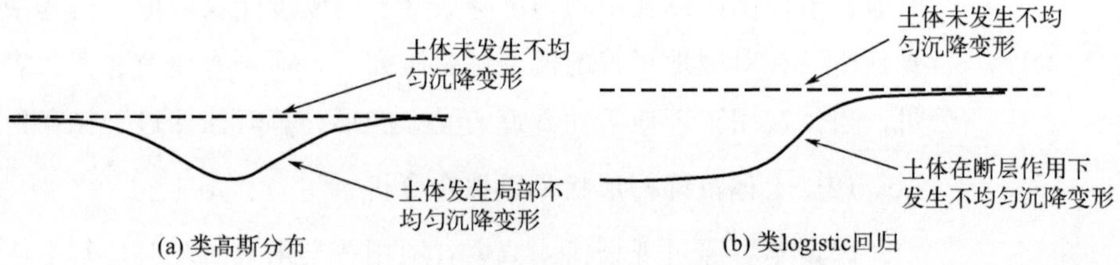

图 1-7　土体不均匀沉降变形

① 利用形状类似高斯分布的函数（如 Beta 概率分布函数、半波余弦函数、半波正弦函数、高斯函数、修正高斯函数等）对

地基土体发生的局部不均匀沉降变形进行拟合分析；

② 利用形状类似 logistic 回归的函数（如逻辑函数、修正逻辑函数等）对在断层作用下的地基错动进行拟合分析。

(3) 数值模拟

在发生地基不均匀沉降变形时，埋地管道和周围土体的相互作用具有高度的非线性特性[83,84]，数值仿真模拟具有描述材料非线性与几何变形非线性的能力和特点，一定程度上突破了经典弹塑性理论中有关介质连续、均质、各向同性以及小变形等假定的限制，使计算结果更加接近实际情况。Ariman 和 Muleski[85] 等将埋地管道视为各向同性的薄圆柱壳弹性体，并提出了圆柱壳理论。Vorster[68] 通过数值建模的方法，利用边界元法较好地评估了隧道开挖引起的管土相互作用问题，但没有克服理论前提假设过多的缺点。柳春光等[86] 针对埋地管道在地基不均匀沉降下的受力变形开展了三维数值模拟分析，考虑管土相互作用的非线性特征，指出管道发生挠曲变形破坏的最危险截面位于沉降区域与非沉降区域的交界处。刘学杰等[87] 指出埋地管道在断层引发地基错动下有三种潜在的破坏方式——轴向拉裂破坏、管壁局部屈曲破坏以及管道整体失稳破坏，并建议在管道外表面包裹光滑的外包层，以减小管道周围土体对其的摩擦作用。李小军等[88] 利用三维有限元数值建模的方法，研究了埋地管道在断层作用下的轴向压缩屈曲破坏，指出管道在跨越断层时的最佳倾角为70°左右。金浏等[89] 针对大直径地下管道在地基不均匀沉降下的受力变形进行了研究，重点考察了土体沉降区域范围、管道直径以及埋深等因素的影响，指出土体沉降区域范围越小、管道直径越大、埋深越浅，管道越容易发生局部屈曲失稳破坏。

Jeyapalan 和 Abdel-Magid[90] 采用数值模拟的方法对埋地管道在地基土体不均匀沉降条件下的力学性能进行了分析研究。他们将管道底部地基土体的支撑条件分为五类：

① 正常管道地基；

② 管道接头承口处底部土体超挖；

③ 管道接头插口处底部土体超挖；

④ 管道底部发生不均匀沉降的地基土体刚度较大；

⑤ 管道底部发生不均匀沉降的地基土体刚度较小。

Moore 和 Taleb[91] 指出有限元建模在模拟管土相互作用时具有以下优点：

① 可以模拟荷载沿着管道纵向的消散；

② 可以反映管道纵向和环向弯曲刚度的差异；

③ 可以更精确地得到管道沿其纵向的内力（包括弯矩、轴力等）变化。

然而有限元建模还存在以下缺点：

① 对模型单元网格的划分在很大程度上依赖于研究人员的经验，而且难以准确反映土体的非线性行为，尤其是土体压实之后的应力应变关系；

② 对管土界面非线性特征的模拟存在困难；

③ 对大变形问题的模拟，往往由于有限元网格的过度扭曲而使数值计算难以收敛，而且运算代价一般较大。

(4) 试验研究

采用模型试验的方法可以对埋地管道在地基不均匀沉降条件下的受力变形进行实时监测，从而能够更加有效地对埋地管道的力学响应特征进行研究分析。许多学者[92-96]采用离心机模型试验对埋地管道在地基不均匀沉降条件下的受力变形进行了分析研究。O'Rourke 等[92] 指出利用离心机模型试验可以实现对埋地管道在地震断层作用下受力变形的实时监测。Vorster[93] 利用离心机模型试验对埋地管道在地下隧道开挖条件下的力学响应进行了研究，其采用的试验管道模型的径厚比分别为 21、12 和 7。Saiyar 等[96] 采用离心机模型试验对在地震断层条件下的管土相互作用进行了研究，指出现有规范[72,73]对于管道周围土体在地基不均匀沉降条件下的刚度建议取值用于埋地柔性管道受力变形的计算时过于保守。建立离心机模型的理论基础是相似原理，其目的在于找到物理试验模型和工程实际的相似判据，从而确定出试验模型的尺寸、材料、受力等诸多方面的条件。然而 HDPE 双壁波纹管道的结构壁厚一般为 2mm 左右，难以制作在尺寸上满足相似判据的管道模型[97-102]。Wang 等[97] 通过足比例尺模型试验，对 HDPE 双壁波纹管道在隧道施工引起地基不均匀沉降条件下的受力变形进行了研究，指出与没有埋设管道时的土体沉降槽相比，埋地管道使其上覆土体沉降槽的宽度和深度分别增加了10%和23%。周敏等[101,102]通过足比例尺模型试验，对HDPE双壁波纹管道在地基土体发生局部均匀沉降条件下的受力变形进行了研究，指出管道顶部土压力随着地基土体不均匀沉降量的增加而逐渐增大。

1.2.3 土工合成材料对埋地管道的保护

Scheiner等[103]采用有限元数值模拟的方法，针对土工合成材料对埋地钢管防腐蚀层的保护作用进行了研究，指出将土工合成材料包裹在管道的外表面可以明显缓解管道周围土体对其防腐蚀层的磨损。Bhandari等[104]采用离散元数值模拟的方法，对土工合成材料在桩基路堤中的加筋效果进行了研究分析，指出有土工合成材料加筋铺设的路堤地表沉降明显小于没有土工合成材料加筋铺设时的地表沉降。Han等[105]通过对土工合成材料在路堤中加筋铺设的数值模拟研究，指出土工合成材料的加筋铺设可以显著提高路堤土体的整体结构稳定性。Bueno等[106]通过室内模型试验，将土工合成材料铺设于管道顶部以减小埋地管道的上覆土压力，其指出这种方法能够在很大程度上减小埋地管道的竖向挠曲变形。Corey等[107]利用室内模型试验，针对土工合成材料在钢肋加劲HDPE管道周围的加筋铺设进行了研究，指出在管道上部放置土工格栅能够有效地降低管道在地面荷载作用下的竖向变形。Tupa等[108]针对土工合成材料在埋地管道周围的不同布置方式进行了研究，指出土工合成材料的种类、拉伸刚度及其与回填土体的变形协调能力对土工合成材料对埋地管道的防护有着重要的影响。Palmeira等[109]利用室内模型试验，对土工合成材料对埋地管道在穿刺荷载作用下的防护进行了研究，指出土工布对埋地管道的防护作用优于土工格栅。Hegde等[110]将土工合成材料铺设于埋地管道的上方以减小地面附加静载对管道的影响，其指出土工格室和土工格栅的联合使用使管道的受力和挠曲变形分别减小了50%和40%。Mehrjardi等[111]采用将土工格室铺设于管道顶部的方式，利用模型试验对埋地管道在地面交通荷载作用下的减载措施进行了研究，试验结果表明土工格室在管道顶部的加筋铺设分别使土体表面沉降和管道竖向挠曲变形减小了65%和35%。Kawabata等[112]将三层土工格栅铺设在埋地HDPE管道顶部以减小管道上覆土压力，其指出与没有铺设土工格栅的管道相比，铺设土工格栅的管道顶部土压力减小了25%。Tafreshi和Khalaj[113]利用室内模型试验，将土工合成材料铺设于管道的上方以减小地面交通荷载对埋地管道的影响，其指出增加土工合成材料的加筋层数可以显著地减小埋地管道的竖向挠曲变形。然而，在现有文献中较少涉及土工合成材料对埋地管道在地基不均匀沉降条件下的加筋保护。在地基不均匀沉降条件下，"土工合成材料-埋地管道-土体"三者之间的相互作用机理尚不明确。

1.2.4 柔性埋地管道接头的力学性能

(1) 柔性埋地管道接头标准

埋地管道接头可以分为抹带接口、套环接口以及承插式橡胶垫圈接口，如图1-8所示。美国国家公路与运输协会（AASHTO[49]）规范将管道接头的承载能力分为六大类：

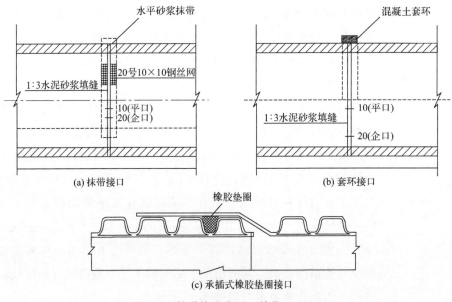

图1-8 管道接头类型（单位：mm）

① 抵抗剪切变形的能力。其用管道接头处与管身处剪切强度的差值占管身抗剪强度的百分比来表示。

② 抵抗弯矩的能力。其用管道接头处与管身处弯矩的差值占管身弯矩的百分比来表示。

③ 抵抗拉伸变形的能力。对于直径小于1m的管道，其轴向拉伸极限承载能力为22kN；对于直径大于1m的管道，其轴向拉伸极限承载能力为44kN。

④ 管道接头的承插长度。当管道接头处弯矩大于其承载能力时，管道接头的承插长度要根据具体工程进行确定。

⑤ 土密性（阻挡土体颗粒进入管道的能力）。其一般要求管道接头的缝隙宽度不大于25mm，长度不大于3mm。

⑥ 水密性。其要求同"土密性"规定。

柔性埋地管道接头连接多采用承插式橡胶垫圈接口，在我国规范（CECS 164：2004[47]）以及美国材料与试验协会规范（ASTM D3212-20[114] 和 ASTM F477-14[115]）中规定了埋地热塑性塑料管道接头橡胶垫圈的规格尺寸，并对管道接头渗漏的测试（包括管道的充气以及抽真空试验）进行了规定。在美国材料与试验协会规范（ASTM F667[116] 和 ASTM F1417-11a[117]）中还规定了大尺寸高密度聚乙烯管道接头的拉拔试验以及管道接头渗漏的现场试验规程。在表1-1中，将国内外有关埋地热塑性塑料管道接头的规范进行了汇总。

表1-1 热塑性塑料管道接头规范

规范编号	名称	管道类型	管道接头类型
CECS 164：2004[47]	埋地聚乙烯排水管管道工程技术规程	高密度聚乙烯	承插式橡胶垫圈接口
AASHTO[49]	AASHTO LRFD Bridge Design Specifications(Second Edition)	高密度聚乙烯和聚氯乙烯	承插式橡胶垫圈接口
ASTM D3212-20[114]	Joints for Drain and Sewer Plastic Pipes Using Flexible Elastomeric Seals	高密度聚乙烯和聚氯乙烯	承插式橡胶垫圈接口
ASTM F477-14[115]	Elastomeric Seals(Gaskets) for Joining Plastic Pipe	高密度聚乙烯和聚氯乙烯	承插式橡胶垫圈接口
ASTM F667/F667M-16[116]	Large Diameter Corrugated Polyethylene Pipe and Fittings	高密度聚乙烯	承插式橡胶垫圈接口

规范编号	名称	管道类型	管道接头类型
ASTM F1417-11a[117]	Standard Test Method for Installation Acceptance of Plastic Gravity Sewer Lines Using Low-Pressure Air	高密度聚乙烯和聚氯乙烯	承插式橡胶垫圈接口

(2) 管道接头的结构尺寸和性能设计

管道接头的结构尺寸和性能设计要求包括：

① 安装在承插式管道接头处起密封作用的橡胶垫圈的几何形状尺寸；

② 橡胶垫圈抵抗压缩变形的能力；

③ 管道接头处预留给橡胶垫圈的安装空间高度，一般为橡胶垫圈自身高度的75%左右；

④ 管道接头发生错动后的水密性；

⑤ 橡胶垫圈的极限伸长量（一般为橡胶垫圈自身高度的30%）。

Kurdziel[118]对承插式橡胶垫圈接头的力学性能进行了研究，指出管道接头为了方便安装而使用的润滑油会使橡胶垫圈发生膨胀，而产生的膨胀力可以导致管道接头破裂。Romer和Kienow[119]指出在管道接头的结构和力学性能设计中应着重注意以下几点：

① 插口端管身可以近似看作悬臂梁进而对其进行分析研究；

② 管道接头应具有足够抵抗剪切、拉伸以及环向压缩变形的能力；

③ 橡胶垫圈应具有合适的几何尺寸以及抵抗变形的能力进而避免管道接头的渗漏；

④ 管道接头应具有一定抵抗扭转的能力。

Rowe等[120]指出对管道接头的研究还应考虑温度和施工过程的影响，除此之外，管道接头过度扭转（即插口端管道外壁由于管道接头扭转过度而与承口端管道内壁发生相互挤压）所造成的危害也不容忽视。Kurdziel[121]研究了承插式管道接头的承口内壁和插口外壁之间接触压力的最大值和最小值，并指出管道接头处各部件的刚度（承口管壁、插口管壁和橡胶垫圈）在很大程度上决定了管道接头的工作性能。Dittel 和 Quasada[122] 指出管道接头的密封性能主要取决于橡胶垫圈的几何形状尺寸及其刚度,以及管道自身材料的应力应变特性。Rahman 和 Watkins[123] 指出热塑性塑料管道的轴向伸缩变形在很大程度上取决于承插式管道接头对管身的约束作用。

ACPA 规范[124] 从以下几个方面对管道接头的水密性能测试进行了规定:

① 抵抗地下水和周围土体颗粒入渗的能力;
② 抵抗暴雨入渗的能力;
③ 抵抗管道横向和纵向变形的能力;
④ 抵抗剪切变形的能力。

另外,ACPA 规范[124] 还从施工安装的简易性出发,对管道接头抵抗各种不利因素的能力进行了考虑。

Benmansour 等[125] 分别赋予管道接头和管身不同的弯曲刚度,利用 Winkler 弹性地基梁模型对管道接头在地基不均匀沉降条件下的力学响应特征进行了研究。Rajani 和 Tesfamariam[126] 针对由管道接头渗漏而引起的地基土体不均匀沉降进行了研究,并着重分析了管道接头的纵向弯曲性能。Buco 等[127] 利用随机概率分析以及三维有限元建模对埋地管道接头在地基不均匀支撑条件下的力学性能进行了分析(表 1-2),其通过对管道接头模型的简化得到了接头的剪切刚度。Buco[128] 进一步研究了管道接头对管身力学行为的影响,指出如果地面荷载处于埋地管道接头位置的正上方,那么其影响范围仅限于此管道接头所连接的两节管段。

表 1-2 模拟工况

工况	地基条件	
1	均匀地基	
2	管身底部土体超挖	

续表

工况	地基条件
3	管道接头底部土体超挖

Balkaya 等[129]利用有限元建模分析了地基土体不均匀沉降对埋地管道接头力学特性的影响，其研究工况（图 1-9）为：a. 管道接头承口端底部土体发生不均匀沉降；b. 管道接头底部土体发生不均匀沉降；c. 管道接头插口端底部土体发生不均匀沉降。其指出当管道接头底部土体发生不均匀沉降时，埋地管道的竖向挠曲变形大于其在管道接头承口端底部和插口端底部土体发生不均匀沉降时的竖向挠曲变形。

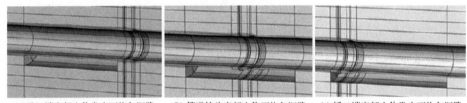

(a) 承口端底部土体发生不均匀沉降　　(b) 管道接头底部土体不均匀沉降　　(c) 插口端底部土体发生不均匀沉降

图 1-9　管道接头位置处的土体发生不均匀沉降

1.3　HDPE 管道现有研究总结与分析

综观现有研究文献，国内外学者对埋地管道在上覆土作用下以及地基土体不均匀沉降条件下受力变形的研究较多，取得了较为丰硕的成果，但还存在以下问题：

① 埋地管道在上覆土作用下的受力变形已有较多研究，而现有方法均没有考虑管道在管侧土体压实作用下所产生竖向挠曲变形的影响。

② 研究方法上，目前普遍采用 Winkler 弹性地基梁理论对埋地管道在地基不均匀沉降条件下的受力变形进行计算。然而，

这一方法没有考虑"管土分离"的影响，其对管道周围土体刚度的选取也主要是依据埋地钢管的模型试验数据。

③ "土工合成材料-管道-土体"在地基不均匀沉降条件下的作用机理尚不明确。对于土工合成材料在管道周围加筋铺设的研究，多集中于地面交通荷载、施工穿刺荷载等因素，未见将土工合成材料用于埋地管道在地基不均匀沉降下加筋保护的相关报道。

④ 管道接头在地基不均匀沉降下受力变形的设计方法尚不完善。我国规范（CECS 164：2004）[47]尚未给出在地基不均匀沉降下，管道接头处剪切和转角位移的设计计算方法。在AASHTO规范[49]中，虽然建议采用管道管身内力（剪力、弯矩和轴力）乘以折减系数的方法计算管道接头处的内力，但是其并没有给出折减系数的确定方法。

1.4 本书主要内容

本书首先对埋地 HDPE 管道在施工回填阶段的受力变形进行研究分析（第1章），以明确其在施工回填结束后的应力应变状态，然后对 HDPE 管道在地基不均匀沉降条件下的力学响应特征进行研究，主要从两个方面出发：

① 由管道接头渗漏等因素引发的地基土体局部不均匀沉降（土体沉降槽形状呈现类高斯分布）对 HDPE 管道受力变形的影响；

② 由断层引发的地基错动（土体沉降槽形状呈现类 logistic 回归）对 HDPE 管道受力变形的影响。

本书的具体研究内容如下。

(1) 施工过程中埋地 HDPE 管道的受力变形特征（第2章）

通过现场试验以及数值模拟分析，明确在不同管道直径、管道刚度、土体模量、沟槽宽度、土体压实装备以及填土高度等参数条件下，埋地 HDPE 管道与其周围填土的相互作用机理以及在管道上覆土体中土拱效应的变化规律，着重分析管道侧向回填土体压实作业对埋地柔性管道受力变形的影响，提出了考虑管侧土体压实效应的埋地柔性管道顶部和侧向土压力及其竖向和水平向挠曲变形的计算公式。

(2) 埋地HDPE管道在地基局部不均匀沉降下的力学响应（第3章）

通过室内模型箱试验，研究埋地HDPE管道在地基发生局部不均匀沉降条件下的受力变形及其上覆土中的沉降分布特征；在此基础上，提出基于"三向土拱效应"（即同时考虑地基不均匀沉降在管道纵截面方向和横截面方向上所引发的土拱效应）的"三向土拱土压力计算方法"。

(3) 土工合成材料对埋地HDPE管道在地基局部不均匀沉降下的加筋保护（第4章）

通过室内模型箱试验和数值模拟分析，研究土工合成材料的种类、拉伸刚度及其加筋位置对管道在地基局部不均匀沉降条件下受力变形的影响；在此基础上，分析"土工合成材料-管道-土体"三者之间的相互作用机理，提出合理有效的埋地管道防护措施。

(4) 埋地HDPE管道在断层引发地基错动下的力学响应（第5章）

通过室内模型试验，研究HDPE管道在断层引发地基错动下的力学响应特征，分析管道应变沿管身纵向的分布变化规律，明确管道发生挠曲变形破坏的"最危险截面"。对比管道纵向弯曲应变实测峰值与现有理论方法计算值，为HDPE管道在跨越断层时的设计计算提供试验依据。

(5) HDPE管道接头在断层引发地基错动下的力学响应（第6章）

通过室内模型试验，研究HDPE管道承插式橡胶垫圈接头在断层引发地基错动下的力学性能，明确其发生开裂破坏时的剪切以及转角位移。在此基础上，计算管道接头位置处的剪力，明确管道接头在发生开裂破坏时的剪切性能。

基坑降水、岩溶作用以及管道接头渗漏等因素均会引发地基土体的局部不均匀沉降，本书第3章和第4章针对地基局部不均匀沉降发生在管道下方的情况进行研究，而地基不均匀沉降发生在管道上方的情况则不在本书研究范围内。本书第5章和第6章针对断层引发地基错动位移传递到管道埋深位置处的情况进行研究，而针对地基错动位移没有传递到管道埋深位置处的情况，则认为其不会引起埋地管道的挠曲变形破坏。由于HDPE管道大多埋置于道路绿化带以及中央隔离带的下方土体中，因此交通荷载对其的影响可以忽略。在我国地下排水管道工程中，直径为200～600mm的HDPE管道应用最为广泛[130,131]，因此本书主要针对这一直径范围内的HDPE管道进行研究，而没有将直径大于600mm的HDPE管道作为试验管道。

第2章 施工过程中埋地HDPE管道的受力变形特征

2.1 概述

塑料管道与金属管道相比,由于其自重轻、成本低、卫生安全、使用寿命长,而且不用考虑防腐蚀等特点,在实际工程中得到了广泛的应用。我国的塑料排水、排污管道以前多用聚氯乙烯管,近年来随着聚乙烯(PE)管道技术的迅速发展,国内的高密度聚乙烯(HDPE)管道也迅速发展起来[130-132]。McGrath 等[22]和 Sargand 等[43]指出在埋地柔性管道的施工回填过程中,由于管侧土体的压实作用,管道会呈现出"竖向椭圆"变形特征(即管道竖向直径增大,而水平向直径减小)。Sargand 和 Masada[45]认为埋地柔性管道的"竖向椭圆"变形能够使其在上覆土作用下的长期服役性能得到显著提高。然而,在现有规范中[47-49]并没有考虑埋地柔性管道"竖向椭圆"变形对其上覆土压力及挠曲变形的影响。本章通过现场试验以及数值模拟,研究HDPE管道在施工填土过程中的受力变形特征,以明确管道在回填结束后的应力应变状态。现场试验中,通过在管道顶部和侧向布置土压力盒以及在管道内部安装百分表,实时监测管道在管侧和上覆土作用下的挠曲变形。在此基础上,进一步通过数值参数敏感性分析,提出对管道顶部和侧向土压力以及竖向和水平向挠曲变形的计算公式，并利用已有文献报道试验数据对所提出的计算公式进行验证。

2.2 现场试验

2.2.1 试验现场条件

现场试验在江苏省宜兴市新庄大桥建筑工地进行，根据《土的工程分类标准》（GB/T 50145—2007）[133]，现场宜兴新庄大桥土体为低液限黏土，其基本参数如表 2-1 所列。

表 2-1 宜兴新庄大桥土体的基本参数

参数		数值	参数	数值
含水率/%		38	曲率系数 C_c	1.6
土体类型	砂粒/%	4.7	液限 w_L/%	38
	粉粒/%	75.3	塑限 w_P/%	17
	黏粒/%	20	最优含水率 w_{op}/%	20.6
不均匀系数 C_u		5.5	最大干密度 ρ_{dmax}/(g/cm³)	1.8

试验管道基础用中粗砂进行铺填，其粒径累计分布曲线如图 2-1 所示，从图中可以得出 $d_{10}=0.22$mm、$d_{30}=0.45$mm、$d_{60}=0.8$mm、$C_u=6.7$、$C_c=2.1$，表明管道基础用砂的级配良好。

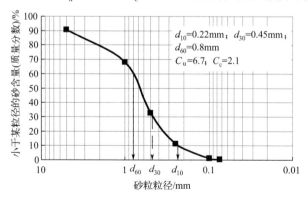

图 2-1 管道基础用砂的粒径累计分布曲线

2.2.2 试验材料

将现场试验所用的 3 根 HDPE 双壁波纹管道分别记为 P1、P2 和 P3，其管壁结构如图 2-2 所示。试验管道的基本参数见表 2-2。现场试验采用土压力盒及百分表对施工过程中 HDPE 管道的受力变形进行监测。土压力盒采用振弦式传感器，量程为 0～0.2MPa，准确度和分辨率分别为 0.5% FS 和 0.01% FS（FS 表示满量程）。百分表的量程为 0～50mm，准确度为 0.01mm。采用数据采集器（data taker）记录土压力盒数据。

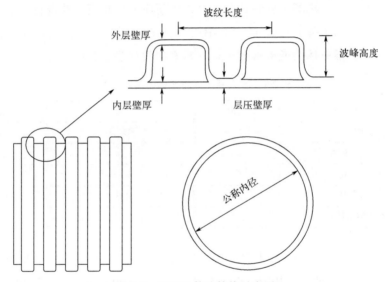

图 2-2 HDPE 管壁结构示意图

表 2-2 试验管道的基本参数

管道	公称内径/mm	长度/m	外层壁厚/mm	内层壁厚/mm	层压壁厚/mm	波峰高度/mm	波纹长度/mm	拉伸刚度/(kN/m)	弯曲刚度/(kN·m²/m)
P1	600	6.0	2.2	1.2	2.0	43	90	7500	0.922
P2	600	6.0	2.2	1.2	2.0	43	90	7500	0.922
P3	300	6.0	1.7	1.0	1.5	18	40	4500	0.115

2.2.3 试验方案

试验管道 P1、P2 和 P3 的沟槽宽度和长度均为 2m 和 6.5m，沟槽深度分别为 1.7m、2.7m 和 1.5m。本次现场试验采用砂土及沟槽原土作为管道沟槽的回填土体,其压实度均按照《埋地聚乙烯排水管管道工程技术规程》(CECS 164:2004)[47]中的规定进行,如图2-3所示。

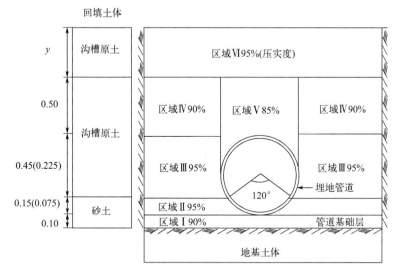

图2-3 现场HDPE管道回填土的压实度分布(单位:m)

y表示管道的上覆土厚度;括号内外的数字分别表示直径为300mm和600mm管道的侧向填土厚度

在放置管道前,预先在管道底部铺填100mm的中粗砂,并压实到90%的压实度。再将土压力盒和百分表等测试元件连接完成后,先用中粗砂在管道腋角处铺填厚度为150mm的土弧基础,并人工压实到95%的压实度,然后再用从管道沟槽挖出来的良质土(细粒土的含量小于12%)在管道周围进行人工分层回填作业至管道顶部0.5m处,每回填20cm的土体,人工压实一遍,并分别使管道两侧的土体达到95%的压实度,管道竖直上方的土体达到85%的压实度,管道斜上方的土体达到90%的压实度;管道顶部0.5m以上用从沟槽挖出来的原土进行回填,每回填20cm的土体,用现场的挖掘机压实一遍,使其达到95%的压实度。在分层压实后,对每层回填土体采用环刀法[134]测定其密度。

在管道回填过程中,将土压力盒分别布置在管顶和管侧以及管道上覆土中的不同位置处,如图2-4所示,以监测管道埋设过程中不同位置处土压力的变化。

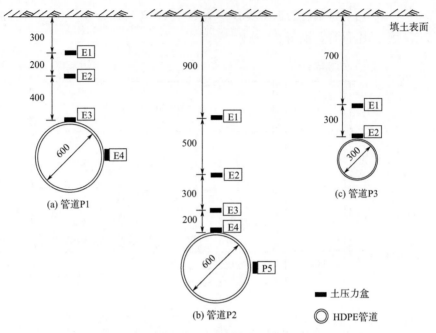

图 2-4　土压力盒布置示意图（单位：mm）

2.3　数值模拟

2.3.1　数值模型的建立

本章利用有限元分析软件 PLAXIS 2D，对宜兴现场试验建立了二维数值模型，以现场试验管道 P2 为例，其数值模型的尺寸和网格划分情况如图 2-5 所示。

对管道周围的土体采用尺寸较小的网格划分，以提高对管土相互作用模拟的准确性。对模型的左右边界施加水平向约束，对模型的下边界施加竖向和水平向约束，并且不考虑地下水位的影响。在数值模型中，对回填土体采用莫尔-库仑模型进行模拟，对 HDPE 双壁波纹管道使用板单元进行模拟。在建模中，需要对模拟管道的板单元输入拉伸刚度（$E_{\mathrm{p}}A$）和弯曲刚度（$E_{\mathrm{p}}I$）

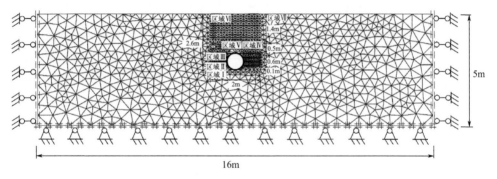

图 2-5 数值模型

以反映管道的刚性特征,其中 E_p 为管道的弹性模量,A 为每延米管壁纵向截面面积,I 为每延米管壁纵向截面惯性矩。Chua[135] 提出了 HDPE 管道材料弹性模量随加载时间变化的计算公式:

$$E_p(t) = 52.6 + 460t^{-0.097786} \quad (2\text{-}1)$$

式中 t——加载时间,h。

由于 HDPE 管道在现场试验中的施工回填作业时间为 1h,根据式(2-1),在数值模型中将 HDPE 管道的弹性模量取值为 513MPa,以表征 HDPE 管道材料随时间变化的应力应变关系。管道 P1、P2 和 P3 的拉伸刚度(E_pA)和弯曲刚度(E_pI)计算取值见表 2-2。根据我国规范(CECS 164:2004)[47],HDPE 管道材料的重度和泊松比分别取为 9.5kN/m³ 和 0.46。采用莫尔-库仑模型对管道周围回填土和沟槽壁土进行模拟[18,23],取管土界面的强度参数 $R_{inter} = 0.7$[136]。土体的弹性模量(E)可由式(2-2)计算得到:

$$E = (1+\nu)(1-2\nu)M_s/(1-\nu) \quad (2\text{-}2)$$

式中 M_s——土体侧限压缩模量,kPa;

ν——土体泊松比。

Taleb 和 Moore[23] 提出用式(2-3)表征土体弹性模量随填土高度的变化:

$$E = E_0 + E_{increment} z \quad (2\text{-}3)$$

式中 E_0——土体的初始弹性模量;

$E_{increment}$——土体弹性模量随单位填土高度的增加量;

z——填土高度。

在 AASHTO 规范[49]中，给出了不同压实度的土体在不同自重应力水平下（即7kPa、35kPa、70kPa、140kPa、275kPa和410kPa）的侧向压缩模量和泊松比，利用式(2-2)可以计算得到在不同自重应力水平条件下的土体弹性模量。通过对土体弹性模量随填土高度的变化进行线性回归分析，可以得到不同压实度土体的 E_0 和 $E_{increment}$ 取值。为了简化数值计算，将管道周围不同区域回填土体的弹性模量均取为 E_0（即不考虑土体弹性模量随填土高度的变化），并将计算结果与考虑土体弹性模量随填土高度变化时进行对比，对比结果显示管道顶部和侧向土压力以及管道竖向和水平向挠曲变形在这两种情况下的数值计算相对误差均小于5%。因此，在本章的数值模拟研究中，对管道周围不同区域回填土体均采用 E_0 作为其弹性模量进行计算分析。管道周围回填土的内摩擦角和黏聚力通过室内直剪试验[134]测得。管道基础砂的内摩擦角同 Elshimi 和 Moore[24] 的建议取值，其膨胀角的取值为内摩擦角减去 $30°$[137]。数值模型计算参数取值见表 2-3。

表 2-3 数值模型计算参数

回填土体	压实度/%	土体重度/(kN/m³)	E_0/MPa	内摩擦角/(°)	膨胀角/(°)	黏聚力/kPa	泊松比
区域Ⅰ	90	16.0	5.45	42	12	1	0.35
区域Ⅱ	95	16.9	6.44	48	18	1	0.40
区域Ⅲ	95	20.2	1.44	28	0	16	0.42
区域Ⅳ	90	19.1	1.09	28	0	13	0.35
区域Ⅴ	85	18.0	0.67	28	0	11	0.30
区域Ⅵ	95	20.2	1.44	28	0	16	0.42
区域Ⅶ	—	21.0	1.25	28	0	23	0.35
HDPE 管道	—	9.5	520.00	—	—	—	0.46

Howard 等[138] 和 Fleming 等[139] 指出埋地柔性管道在施工回填过程中，由于管侧土体在压实过程中对管道的水平向挤压作用，会产生"竖向椭圆"变形（即管道竖向直径增大，而水平向直径减小）。Masada 和 Sargand[45] 进一步指出埋地柔性管道的"竖向椭圆"变形会减小其在上覆土荷载作用下的挠曲变形，从而提高了管道的长期服役性能。在本章的数值建模中，采用在

管道单元节点位置处施加水平向点荷载的方式[24]，以模拟管道在施工回填过程中所受到的管侧土体压实作用的影响。在管道单元节点处施加的水平向点荷载可通过对管侧土体作用在管道侧向的水平应力进行积分获得，而管侧土体作用在管道侧向的水平应力可由式（2-4）计算得到：

$$\sigma_h = \sigma_v K_p K_n \tag{2-4}$$

式中 σ_v——管侧回填土的竖向应力，kPa；

K_p——被动土压力系数，用式（2-5）计算；

K_n——回填土体压实变形修正系数，取值为1.0。

$$K_p = \frac{1+\sin\varphi}{1-\sin\varphi} \tag{2-5}$$

式中 φ——土体的有效内摩擦角。

本章的数值建模计算分析分为以下七个步骤进行：

① 采用"k_0-过程"（即取$k_0 = 1-\sin\varphi$）对模型进行初始地应力平衡；

② 杀死管道沟槽范围内的土体单元，以模拟沟槽的开挖过程；

③ 激活管道基础层（区域Ⅰ）的土体单元；

④ 激活管道单元以及管道腋角层（区域Ⅱ）的土体单元，并在区域Ⅱ土体范围内的管道单元节点位置处施加水平向点荷载；

⑤ 分三层依次激活管道侧向回填土层（区域Ⅲ）的土体单元，并在区域Ⅲ土体范围内的管道单元节点位置处施加水平向点荷载；

⑥ 激活管道上方0.5m范围内的初始回填土层（区域Ⅳ和区域Ⅴ）的土体单元；

⑦ 激活管道上覆回填土层（区域Ⅵ）的土体单元。

2.3.2 数值参数敏感性分析

HDPE管道在施工回填过程中的受力变形受到多个因素的影响，包括管道直径、管道环刚度、回填土体压缩模量、沟槽宽度、土体压实装备以及管道上覆土重度等。在本节参数敏感性分析中的不同变量取值见表2-4。HDPE管道直径（即0.3～

1.2m)、环刚度（即107～860kPa）以及沟槽宽度（即0.8～2m）的取值范围均依据我国规范（CECS 164：2004）[47]选取，其中管道环刚度的计算公式为：

$$PS = 6.72 E_p I / R^3 \qquad (2-6)$$

式中　PS——管道环刚度，kPa；

　　　E_p——管道的弹性模量，kPa；

　　　I——每延米管壁纵面截面惯性矩，m^4/m；

　　　R——管道半径，m。

表2-4　数值模拟参数敏感性分析取值

数值模拟工况	管道直径/m	管道环刚度/kPa	管侧回填土体类型及其压实度	管土相对刚度	沟槽宽度/m	土体压实变形修正系数	管顶填土重度/(kN/m³)
1	0.3	215	SW85	101	2.0	1.0	20
2	0.6	215	SW85	101	2.0	1.0	20
3	0.8	215	SW85	101	2.0	1.0	20
4	1.2	215	SW85	101	2.0	1.0	20
5	0.3	107	SW85	231	2.0	1.0	20
6	0.3	339	SW85	73	2.0	1.0	20
7	0.3	430	SW85	58	2.0	1.0	20
8	0.3	672	SW85	37	2.0	1.0	20
9	0.3	860	SW85	29	2.0	1.0	20
10	0.3	215	SW95	431	2.0	1.0	20
11	0.3	215	CL95	115	2.0	1.0	20
12	0.3	215	SW85	101	0.8	1.0	20
13	0.3	215	SW85	101	1.2	1.0	20
14	0.3	215	SW85	101	1.6	1.0	20
15	0.3	215	SW85	101	2.0	2.0	20
16	0.3	107	SW95	866	2.0	1.0	20
17	0.3	215	SW85	101	2.0	1.0	21
18	0.3	215	SW85	101	2.0	1.0	17
19	0.3	215	SW85	101	2.0	1.0	15

注：SW85和SW95分别表示压实度为85%和95%级配良好的砂，CL95表示压实度为95%的低塑性黏土。

管道周围的回填土分别采用压实度为85%和95%的砂土以及压实度为95%的黏土（分别记为SW85、SW95和CL95）[45]，在数值建模中所采用的土体性质参数见表2-5。为了考虑管道环刚度以及回填土体压缩模量的影响，引入"管土相对刚度"这一概念，其计算公式为[18]：

$$S_f = 6.72 M_s / PS \quad (2-7)$$

式中　M_s——土体侧限压缩模量，kPa；
　　　S_f——管土相对刚度。

表 2-5　回填土体的性质参数取值

土体类型	重度/(kN/m³)	压实度/%	E_0/MPa	内摩擦角/(°)	膨胀角/(°)	黏聚力/kPa	泊松比
SW85	15.0	85	2.65	38	8	1.0	0.26
SW95	16.9	95	6.44	48	12	1.0	0.40
CL95	20.2	95	1.44	28	0	15.0	0.42

注：SW85 和 SW95 分别表示压实度为 85% 和 95% 级配良好的砂，CL95 表示压实度为 95% 的低塑性黏土。

在数值参数分析中，将土体压实变形修正系数（K_n）分别取为 1.0 和 2.0 以考虑采用不同土体压实装备（即平板振动压实机和冲击夯实机）对 HDPE 管道受力变形的影响[24]；分别采用压实度为 85% 的砂土、压实度为 90% 的黏土以及压实度为 90% 和 95% 的砾石土（分别记为 SW85、CL90、SW90 和 SW95）作为管道的上覆土[22]，其重度分别取为 15kN/m³、17kN/m³、20kN/m³ 和 21kN/m³。

2.4　现场试验结果及分析

2.4.1　土压力

图 2-6 为管道 P1、P2 和 P3 顶部和侧向及其上覆填土中不同位置处土压力随填土高度的变化。从图中可以看出，管道 P1、P2 和 P3 的侧向土压力均大于其顶部土压力，这是因为：

① 管道在上覆填土作用下产生了向下的挠曲变形，在其上覆填土中诱发了正土拱效应，使管道上方填土的自重应力转移到了管侧土体中；

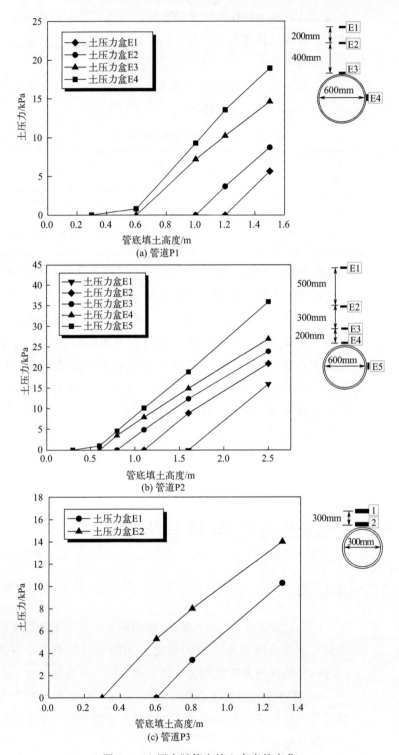

图 2-6 土压力随管底填土高度的变化

② 管道在上覆填土作用下，其水平向直径增大，使管道侧向与管侧填土发生相互挤压作用，增大了管侧土体对管道侧向的水平向作用力。

土压力实测值与土体自重应力的比值为土拱率（VAF）[140]，可由下式计算：

$$VAF = P/(\gamma H) \quad (2-8)$$

式中 P——土压力，kPa；

γ——土体重度，kN/m³；

H——管道顶部填土高度，m。

图 2-7 为管道 P1、P2 和 P3 顶部和侧向及其上覆填土中不同位置处土拱率随填土高度的变化。从图中可以看出，管道顶部及其上覆填土中不同位置处的土拱率均小于 1.0，这表明在施工回填过程中，管道顶部及其上覆土体中发生了正土拱效应。管道 P1 顶部的土拱率在回填结束后为 0.82，比管顶填高 40cm 时（0.92）减小了 11%；管道 P2 顶部的土拱率在回填结束后为 0.70，比管顶填高 20cm 时（0.93）减小了 25%；管道 P3 顶部的土拱率在回填结束后为 0.69，比管顶填高 30cm 时（0.89）减小了 22%。此外，随着管顶填土高度的增加，管道上覆填土不同位置处的土拱率均表现出随之递减的趋势。

从图 2-7(a) 和 (b) 可以得出，管道 P1 侧向的土拱率在回填结束后为 0.80，比施工回填至管顶时（0.14）增加了 4.7 倍；管道 P2 侧向的土拱率在回填结束后为 0.83，比施工回填至管顶时（0.13）增加了 5.4 倍，这表明管道侧向的土拱率是随着填土高度的增加而逐渐增大的。

由图 2-7(a) 可知，当管道上覆土体回填结束时，管道 P1 顶部的土拱率为 0.82，比管道顶部 40cm 高度处（0.87）小 6%，比管道顶部 60cm 高度处（0.93）小 12%。由图 2-7(b) 可以得出，当回填结束时，管道 P2 顶部的土拱率为 0.70，比管道顶部 20cm 高度处（0.72）小 3%，比管道顶部 50cm 处（0.75）小 7%，比管道顶部 100cm 处（0.84）小 17%。由图 2-7(c) 可以得出，当回填结束时，管道 P3 顶部的土拱率为 0.69，比管道顶部 20cm 处（0.75）小 8%。这表明在管道上覆土体中，距离管顶位置越近，其土拱率越小（即正土拱效应越显著），也就是说，

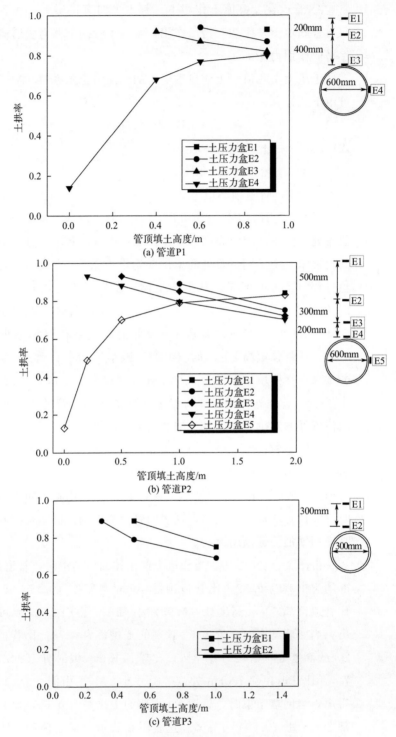

图 2-7 土拱率随管顶填土高度的变化

管道上覆填土中剪应力的发挥随高度的增加而递减。

2.4.2 管顶土压力现有规范计算值与现场实测值的对比

AASHTO 规范[49]中对沟埋式柔性管道顶部土压力的计算公式为：

$$P_{top} = \eta_{EV} \gamma_{EV} K_{\gamma E} K_2 \text{VAF} P_{sp} \tag{2-9}$$

式中 P_{top}——管道顶部土压力，kPa；

η_{EV}——管道顶部土压力修正系数，取值为 1.0；

γ_{EV}——管道上覆土体自重应力修正系数，取值为 1.0；

$K_{\gamma E}$——管道施工回填装配系数，取值为 1.5；

K_2——管道环向变形修正系数，取值为 1.0；

VAF——土拱率，利用式(2-10)计算；

P_{sp}——管道上覆填土自重应力，kPa，可利用式(2-12)计算。

$$\text{VAF} = 0.76 - 0.71 \times \frac{S_H - 1.17}{S_H + 2.92} \tag{2-10}$$

式中 S_H——考虑管道环向压缩变形的管土相对刚度，利用式(2-11)计算。

$$S_H = \frac{\varphi_s M_s R}{E_p A} \tag{2-11}$$

式中 φ_s——土体刚度修正系数，取值为 0.9；

M_s——土体侧限压缩模量，kPa；

R——管道半径，m；

E_p——管道的弹性模量，kPa；

A——每延米管壁纵截面面积，m²/m。

$$P_{sp} = \gamma(H + 0.11D) \tag{2-12}$$

式中 D——管道直径，m。

将管道 P1、P2 和 P3 顶部土压力的 AASHTO 规范计算值与现场实测值进行对比，见表 2-6。AASHTO 规范中的计算参数取值见表 2-7。

从表 2-6 中可以看出，AASHTO 规范对管道 P1、P2 和 P3 顶部土压力的计算值分别比现场实测值大 13%～17%、23%～36%及 7%～27%；而管道上覆土体自重应力分别比 AASHTO

规范计算值以及现场实测值大 1%~12%和 8%~42%。这是因为：

① HDPE 管道在上覆土压力作用下产生向下的挠曲变形，从而在管道顶部诱发了正土拱效应，且其随着管顶填土高度的增加而越加显著，表现为管顶土拱率随着管顶填土高度的增加而逐渐减小（如图 2-7 所示）；

② 在 AASHTO 规范中忽略了土体内部黏聚力的影响，而现场试验所采用的管道回填土体为沟槽原土（即黏土），因此利用 AASHTO 规范计算得到的管道顶部土压力大于现场实测值。

表 2-6　管道顶部土压力实测值与计算值对比

试验管道	管顶填土高度/m	现场实测值/kPa	AASHTO规范计算值/kPa	土体自重应力/kPa
P1	0.4	7.2	7.8	8.2
	0.6	10.2	11.6	12.0
	0.9	14.6	17.0	18.2
P2	0.2	3.5	3.9	4.7
	0.5	8.3	9.7	9.8
	1.0	15.2	18.7	19.8
	1.9	27.0	34.7	38.0
P3	0.3	5.3	5.7	5.8
	0.5	8.2	9.1	9.7
	1.0	14.0	17.8	19.8

表 2-7　AASHTO 规范计算参数

项目	管道 P1	管道 P2	管道 P3
D/m	0.6	0.6	0.3
R/m	0.3	0.3	0.15
H/m	0.4,0.6,0.9	0.2,0.5,1.0,1.9	0.3,0.5,1.0
$\gamma/(kN/m^3)$	18.0,18.4,19.0	18.0,18.0,19.1,19.6	18.0,18.0,19.1
$EA/(kN/m)$	7500	7500	4500
M_s/MPa	3.68	3.68	3.68

注：M_s 取 AASHTO 规范[49]中的建议值。

2.4.3 管道竖向和水平向挠曲变形

管道竖向和水平向挠曲变形百分比分别用式(2-13) 和式(2-14)计算[33]：

$$dy = \Delta D_v / D \times 100\% \tag{2-13}$$

$$dx = \Delta D_h / D \times 100\% \tag{2-14}$$

式中　ΔD_v——管道竖向直径的变化量，m；

ΔD_h——管道水平向直径的变化量，m；

D——管道直径，m。

图 2-8 为管道竖向和水平向挠曲变形百分比随管底填土高度的变化。从图中可以看出，当填土高度小于管道直径时，管道的竖向直径增大，而水平向直径减小。这是因为对管侧回填土体的压实作业增大了管道侧向所受到的水平向作用力，进而导致管道产生了"竖向椭圆"的挠曲变形；而当填土高度大于管道直径时，在管道上覆填土的作用下，管道的竖向直径随着填土高度的增加而减小，水平向直径随着填土高度的增加而增大。从图 2-8 中还可以看出，当填土高度大于管道直径时，管道竖向和水平向直径随填土高度变化的斜率均逐渐减小。这是因为管道上覆土体中的正土拱效应随着填土高度的增加而越加显著（见图 2-7），使管道顶部和侧向土压力均逐渐趋于稳定。

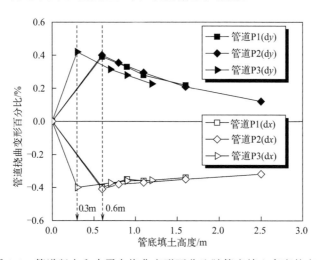

图 2-8　管道竖向和水平向挠曲变形百分比随管底填土高度的变化

2.4.4 管道挠曲变形现有方法计算值与现场实测值的对比

(1) 当填土高度小于管道顶部时,管道挠曲变形的计算

Masada 和 Sargand[45] 针对埋地柔性管道在管侧土体压实作用下产生的"竖向椭圆"挠曲变形(即管道竖向直径增大,而水平向直径减小)进行了研究分析,指出当土体回填到管道顶部时,管道的竖向和水平向挠曲变形可用下式计算:

$$\Delta D_v/D = -\Delta D_h/D = (4.7P_c + k_0 R\gamma)/(3.874PS) \quad (2\text{-}15)$$

式中 P_c——由管道侧向土体压实而产生的水平向作用力,kPa;

k_0——静止侧向土压力系数;

PS——管道环刚度,kPa,用式(2-16)计算[18]。

$$PS = 6.72 E_p I/R^3 \quad (2\text{-}16)$$

用式(2-15)对现场试验管道的竖向和水平向挠曲变形进行计算,并将其与现场试验实测值进行对比,见表 2-8。式(2-15)中的计算参数取值见表 2-9。从表 2-8 中可以看出,用式(2-15)计算得到的管道竖向和水平向挠曲变形与现场实测值的相对误差为 9.5%~27.5%。这主要是因为在式(2-15)中没有考虑"管土界面摩擦力"以及"管侧填土刚度"的影响。这两个因素对管道在施工过程中挠曲变形的影响将分别在本书第 2.5.1 小节和第 2.5.3 小节中进行讨论分析。

表 2-8 管道竖向和水平向挠曲变形实测值和数值模拟结果的对比

试验管道	现场实测值/%		计算值/%		相对误差/%	
	dy	dx	dy	dx	dy	dx
P1	0.39	−0.40	0.29	−0.29	25.6	27.5
P2	0.40	−0.41	0.46	−0.46	15.0	12.2
P3	0.42	−0.40	0.46	−0.46	9.5	15.0

表 2-9 式(2-15)中的计算参数取值

计算参数	管道 P1	管道 P2	管道 P3
D/m	0.6	0.6	0.3
PS/kPa	215	215	215

续表

计算参数	管道 P1	管道 P2	管道 P3
M_s/MPa	3.68	3.68	3.68
P_c	0.207	0.207	0.207
K_0	0.47	0.47	0.47
γ/(kN/m³)	20.2	20.2	20.2

注：M_s 取 AASHTO 规范[49] 中的建议值。

(2) 当填土高度大于管道顶部时，管道挠曲变形的计算

埋地管道在上覆填土作用下的竖向和水平向挠曲变形可用式(2-17)计算[16]：

$$\Delta D_v/D = -\Delta D_h/D = \frac{D_L K W_c}{0.0254 \times (0.149 PS + 0.061 E')} \tag{2-17}$$

式中　D_L——变形滞后修正系数；
　　　K——管基修正系数；
　　　E'——土体反力模量，kPa；
　　　W_c——管道上覆土体荷载，kN/m，用式(2-18)计算。

$$W_c = C_d \gamma B D \tag{2-18}$$

式中　C_d——土体荷载系数；
　　　B——沟槽宽度，m。

McGrath[15] 考虑了埋地柔性管道在上覆填土作用下产生的环向压缩对管道竖向挠曲变形的影响，对式(2-17)进行了修正：

$$\Delta D_v/D = \frac{D_L K W_c}{0.0254 \times (0.149 PS + 0.061 E')} + \frac{W_c}{0.0254 \times (PS_H + 0.57 E')} \tag{2-19}$$

式中　PS_H——管道环向压缩刚度，kPa，用式(2-20)计算。

$$PS_H = \frac{EA}{R} \tag{2-20}$$

Masada 和 Sargand[45] 指出埋地柔性管道在施工回填结束后的竖向和水平向挠曲变形可以通过式(2-15)和式(2-17)计算值的代数和获得（记为方法一）。本章同样利用式(2-15)和式(2-19)对埋地管道在施工回填结束后的竖向挠曲变形进行计算（记为方法二）。

AASHTO 规范中[49]对埋地柔性管道在施工回填结束后的竖向挠曲变形的计算公式为（记为方法三）：

$$\Delta D_v/D = \frac{D_L K P_{sp}}{0.149PS + 0.061M_s} + \varepsilon_{sc} \quad (2\text{-}21)$$

式中　ε_{sc}——管道服役期压缩应变，用式(2-22)计算。

$$\varepsilon_{sc} = \frac{P_s}{PS_H} \quad (2\text{-}22)$$

式中　P_s——管道服役期上覆压力，kPa。

分别利用方法一、方法二和方法三对现场试验管道的竖向和水平向挠曲变形进行计算，并将其与现场实测值进行对比，如图2-9所示。在方法一、方法二和方法三中所采用的计算参数取值见表2-10。从图2-9中可以看出，利用方法一、方法二和方法三计算得到的管道竖向挠曲变形百分比均为负值（即管道竖向直径较其未变形时减小），而利用方法一计算得到的管道水平向挠曲变形百分比为正值（即管道水平向直径较其未变形时增大），其均与通过现场试验实测的管道竖向和水平向挠曲变形方向相反。这是因为虽然在方法一和方法二中，通过式(2-15)考虑了管道在管侧土体压实作用下产生的"竖向椭圆"变形，但由于式(2-15)自身所存在的缺陷（即没有考虑"管土界面摩擦力"以及"管侧填土刚度"的影响），使方法一和方法二的计算仍存在着较大的误差；而在方法三中，没有对管道在管侧土体压实作用下产

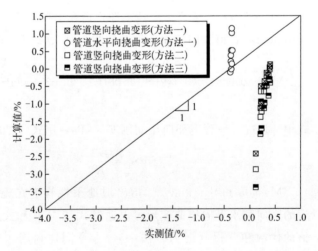

图2-9　管道在施工回填结束后竖向和水平向挠曲变形百分比计算值和实测值的对比
方法二和方法三不能用于管道水平向挠曲变形的计算

生的"竖向椭圆"变形进行考虑。

表 2-10 方法一、方法二和方法三中的计算参数取值

计算参数	管道 P1	管道 P2	管道 P3
D/m	0.69	0.69	0.34
PS/kPa	215	215	215
PS_H/kPa	15700	15700	12700
M_s/MPa	3.68	3.68	3.68
P_c	0.207	0.207	0.207
K_0	0.47	0.47	0.47
B/m	2.0	2.0	2.0
D_L	1.0	1.0	1.0
K	0.09	0.09	0.09
$\gamma/(kN/m^3)$	18.0,18.4,19.0	18.0,18.0,19.1,19.6	18.0,18.0,19.1
H/m	0.4,0.6,0.9	0.2,0.5,1.0,1.9	0.3,0.5,1.0
C_d	0.19,0.28,0.42	0.10,0.24,0.46,0.83	0.15,0.24,0.46

注：M_s 取 AASHTO 规范[49]中的建议值；K 取 Moser 和 Folkman[2]的书中的建议值；C_d 在 Moser 和 Folkman[2]的书中查表得到。

2.5 数值模拟结果及分析

2.5.1 数值模型的验证

图 2-10 为在施工回填过程中，HDPE 管道顶部和侧向土压力现场实测值与数值模拟结果的对比。从图中可以看出，管道顶部及其侧向土压力的数值计算结果与现场试验实测值的误差分别为 1%～6% 和 3%～7%。

HDPE 管道在施工回填过程中的竖向和水平向挠曲变形现场实测值与数值模拟结果的对比见表 2-11。从表中可以看出，管道竖向和水平向挠曲变形的数值计算结果与现场试验实测值的误差均小于 10%。这表明本章所建立的有限元数值分析模型可以比较准确地反映出 HDPE 管道在施工回填过程中的受力变形。

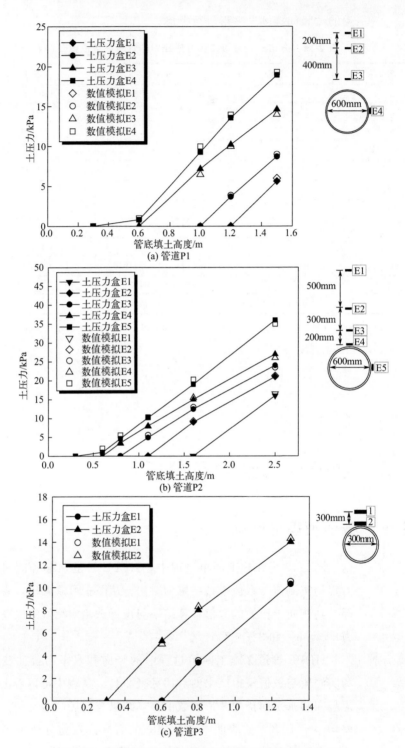

图 2-10 管顶和管侧土压力实测值和数值模拟结果的对比

表 2-11 管道竖向和水平向挠曲变形实测值和数值模拟结果的对比

试验管道	管顶填土高度/m	现场实测值/%		数值模拟结果/%		相对误差/%	
		dy	dx	dy	dx	dy	dx
P1	0.0	0.42	−0.40	0.40	−0.39	5.0	2.6
	0.3	0.31	−0.37	0.32	−0.36	3.1	2.8
	0.5	0.28	−0.36	0.30	−0.34	6.7	5.9
	1.0	0.23	−0.35	0.21	−0.33	9.5	6.1
P2	0.0	0.40	−0.41	0.39	−0.39	2.6	5.1
	0.2	0.35	−0.38	0.36	−0.37	2.8	2.7
	0.5	0.29	−0.37	0.27	−0.34	7.4	8.8
	1.0	0.21	−0.35	0.19	−0.33	10.5	6.1
	1.9	0.12	−0.32	0.11	−0.30	9.1	6.7
P3	0.0	0.39	−0.40	0.40	−0.39	2.5	2.6
	0.4	0.33	−0.36	0.34	−0.35	2.9	2.8
	0.6	0.28	−0.35	0.27	−0.33	3.7	6.1
	0.9	0.22	−0.34	0.21	−0.31	4.8	9.7

注：dy=竖向管道直径的变化量/管道直径，dx=水平向管道直径的变化量/管道直径（正值表示管道直径的增大，负值表示管道直径的减小）。

在数值模型中，将管土界面的强度参数 R_{inter} 取值为 0.01（即不考虑"管土界面摩擦力"的影响），将计算得到的管道在管侧土体压实作用下的最大竖向挠曲变形与现场试验实测值进行对比，见表 2-12。从表中可以看出，在不考虑"管土界面摩擦力"时，管道竖向挠曲变形的数值计算结果与现场实测值的相对误差为 11%～21%。在数值建模计算分析的第 4 步和第 5 步激活管侧回填土层时（见第 2.3.1 小节），不在管道单元节点位置处施加水平向点荷载，其他步骤不变（即不模拟管道在管侧土体压实作用下所产生的"竖向椭圆"变形），将计算得到的管道顶部土压力与现场实测值进行对比，见表 2-13。从表中可以看出，在不考虑管道"竖向椭圆"变形时，管道顶部土压力的数值计算结果与现场实测值的相对误差为 26%～43%。这表明对管道在施工过程中的受力变形进行数值建模分析时，不能忽略"管侧土体压实作用"以及"管土界面摩擦力"的影响。

表 2-12　不考虑"管土界面摩擦力"情况下管道竖向挠曲
变形数值计算结果和实测值的对比

试验管道	现场实测值/%		数值模拟结果/%		相对误差/%	
	dy	dx	dy	dx	dy	dx
P1	0.39	−0.40	0.33	−0.33	18	21
P2	0.40	−0.41	0.36	−0.35	11	17
P3	0.42	−0.40	0.36	−0.35	17	14

注：正值表示管道直径的增大；负值表示管道直径的减小。

表 2-13　不考虑管道"竖向椭圆"变形情况下管顶土压力数值计算结果和实测值的对比

试验管道	H/m	现场实测值/kPa	数值模拟结果/kPa	相对误差/%
P1	0.4	7.2	5.1	30.5
	0.6	10.2	7.2	31.4
	0.9	14.6	8.9	38.3
P2	0.5	8.2	5.5	31.2
	1.0	15.0	10.1	33.3
	1.9	27.0	19.3	26.0
P3	0.3	5.3	3.0	43.4
	0.5	8.3	5.4	35.0
	1.0	14.0	10.2	27.1

2.5.2　管道顶部和侧向土压力

图 2-11 为不同直径（D）的管道顶部和侧向土压力随管顶填土高度的变化。从图中可以看出，管顶和管侧土压力随着管道直径从 0.3m 增大到 1.2m 分别减小了 2%～7% 及 5%～8%。

图 2-12 为在不同管道沟槽宽度（B）条件下管道顶部和侧向土压力随管顶填土高度的变化。从图中可以看出，管顶和管侧土压力随着管道沟槽宽度从 0.8m 增大到 2.0m 分别增加了 12%～60% 及 20%～65%。这表明管道沟槽宽度对管道顶部和侧向土压力有显著的影响，而管道直径的影响可以忽略。

图 2-13 为管道顶部和侧向土压力在采用不同土体压实装备条件下随管顶填土高度的变化。从图中可以看出，当土体压实变形修正系数（K_n）取值为 1.0 和 2.0 时，管顶和管侧土压力的相对误差均小于 10%。

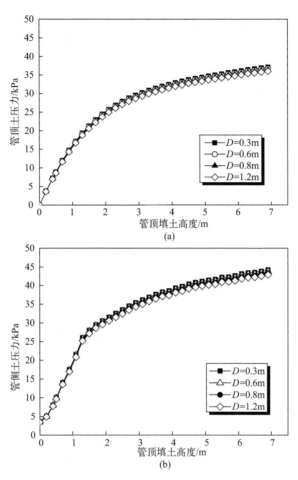

图 2-11 不同直径管道的顶部和侧向土压力随管顶填土高度的变化

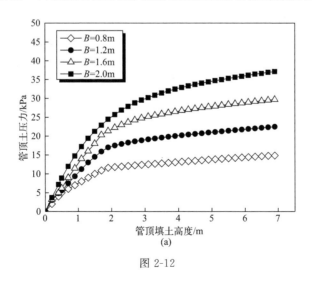

图 2-12

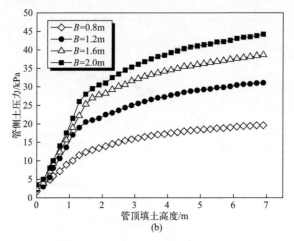

图 2-12　管顶和管侧土压力在不同沟槽宽度下随管顶填土高度的变化

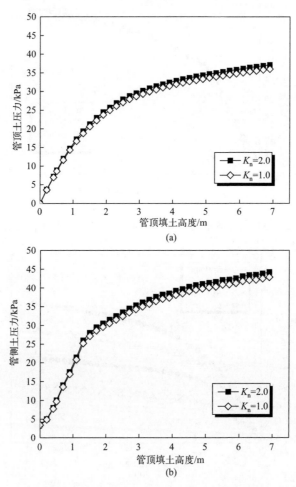

图 2-13　管顶和管侧土压力在不同土体压实装备下随管顶填土高度的变化

图 2-14 为管道顶部和侧向土压力在最大和最小管土相对刚度（即 $S_f = 866$ 和 $S_f = 29$）条件下随管顶填土高度的变化。从图中可以看出，当管顶填土高度小于"管顶填土高度阈值"时，管道顶部和侧向土压力在两种管土相对刚度条件下的相对误差分别为 7%～34% 和 5%～42%。而当管顶填土高度大于"管顶填土高度阈值"时，管道顶部和侧向土压力在两种管土相对刚度条件下的相对误差均小于 5%。根据我国规范（CECS 164：2004）[47]，埋地 HDPE 管道的最大直径为 1.2m，其沟槽宽度的最大值建议取值为 3.6m[141]。从图 2-14 中可以看出，"管顶填土高度阈值"随着管道沟槽宽度的增加而增大，由此可得，当管道沟槽宽度为 3.6m 时的"管顶填土高度阈值"为其最大取值（即 0.65m），而其小于我国规范（GB 50015—2019）规定的埋

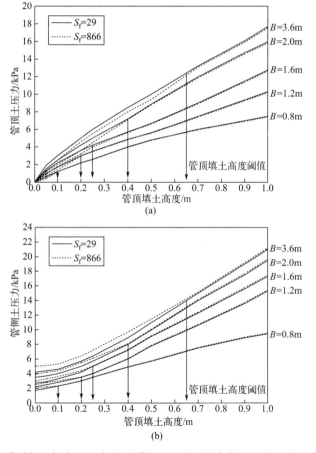

图 2-14 管道顶部和侧向土压力在不同管土相对刚度条件下随管顶填土高度的变化

地管道最小顶部埋深（即 0.7m）。因此，管土相对刚度（S_f）对管顶和管侧土压力的影响可以忽略。

基于以上分析，管道直径、回填土体压实装备及管土相对刚度对管道顶部以及侧向土压力的影响可以忽略，而不能忽略管道沟槽宽度对管道顶部及其侧向土压力的影响。

图 2-15 为管道顶部和侧向土拱率在不同沟槽宽度条件下随管顶填土高度的变化。图中的横坐标为经沟槽宽度（B）归一化处理之后的管顶填土高度（H），即 H/B。

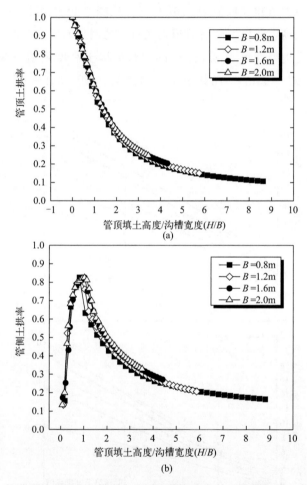

图 2-15 管道顶部和侧向土拱率在不同沟槽宽度条件下随管顶填土高度的变化

从图 2-15(a) 中可以看出，管顶土拱率（VAF_{top}）随 H/B 的增加而逐渐减小，表明管道顶部的正土拱效应随着填土高度的增加而越加显著。利用指数函数对管顶土拱率进行拟合分析可得：

$$\text{VAF}_{\text{top}} = 0.12 + 0.88\exp(-0.65H/B) \quad (2\text{-}23)$$

从图 2-15(b) 中可以看出，当 $H/B \leqslant 1.0$ 时，管侧土拱率随 H/B 的增加而逐渐增大；而当 $H/B > 1.0$ 时，管侧土拱率随 H/B 的增加而逐渐减小。这是因为 HDPE 管道在上覆土压力作用下产生向下的竖向挠曲变形，在管道顶部引发了正土拱效应，使管道上覆土体自重应力转移到了管道侧向土体中，从而加剧了管侧土体的压缩变形（记为第一阶段），而随着管侧土体的压缩变形其又将土体自重应力传递到了沟槽壁中（记为第二阶段）。当 $H/B \leqslant 1.0$ 时，管道顶部填土自重应力的转移主要发生在第一阶段，而使管道侧向土压力增加显著，表现为管侧土拱率随着填土高度的增加而增大；当 $H/B > 1.0$ 时，管侧土体压缩变形逐渐增大，填土自重应力的转移主要发生在第二阶段，因此管侧土拱率表现为随着填土高度的增加而减小。

利用对数函数和指数函数对管侧土拱率进行拟合分析可得：

$$\text{VAF}_{\text{Hsp}} = 0.87 + 0.16\ln(H/B + 0.01) \quad H/B \leqslant 1 \quad (2\text{-}24)$$

$$\text{VAF}_{\text{Hsp}} = 0.144 + 1.2\exp(-0.5H/B) \quad H/B > 1 \quad (2\text{-}25)$$

将式(2-23)～式(2-25)代入式(2-8)，可得管顶和管侧土压力的计算公式：

$$P_{\text{top}} = [0.12 + 0.88\exp(-0.65H/B)]\gamma H \quad (2\text{-}26)$$

$$P_{\text{Hsp}} = [0.87 + 0.16\ln(H/B + 0.01)]\gamma(H+D/2) \quad H/B \leqslant 1$$
$$(2\text{-}27)$$

$$P_{\text{Hsp}} = [0.144 + 1.2\exp(-0.5H/B)]\gamma(H+D/2) \quad H/B > 1$$
$$(2\text{-}28)$$

图 2-16 为在数值模型中逐层激活管道上覆填土时，管道顶部和侧向土压力的增量比值随 H/B 的变化。从图中可以看出，当 $H/B \leqslant 1.0$ 时，管道顶部和侧向土压力的增量比值随着 H/B 的增加而显著减小，表明管侧土压力在此阶段显著增大；而当 $H/B > 1.0$ 时，这一比值逐渐趋于稳定。

图 2-17 为管道上覆填土和沟槽壁之间摩擦力与管道上覆土体自重的比值随 H/B 的变化。从图中可以看出，这一比值随着 H/B 的增加而逐渐增大。当 $H/B = 1.0$ 时，这一比值达到 0.5，也就是说，当 $H/B > 1.0$ 时，管道沟槽壁承担了超过 50% 的管

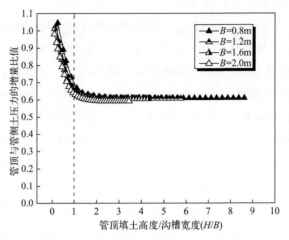

图 2-16 管顶土压力与管侧土压力的增量比值随归一化后管顶填土高度（H/B）的变化

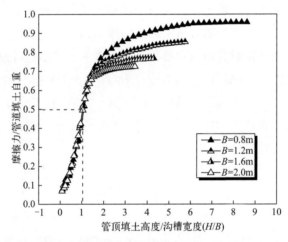

图 2-17 管道上覆填土和沟槽壁之间摩擦力与管道上覆土体自重的比值随 H/B 的变化

道上覆填土自重。

图 2-18 为本章现场试验和 McGrath 等[22] 报道的 HDPE 管道顶部土压力实测值与 AASHTO 规范[49]［即式（2-9）和式（2-26）计算值］的对比。AASHTO 规范[49] 以及式（2-26）的计算参数取值分别见表 2-7 和表 2-14。从图 2-18 中可以看出，利用 AASHTO 规范[49] 计算得到的管道顶部土压力比本章现场试验实测值和 McGrath 等[22] 报道的现场试验实测值分别大 13%～36% 和 22%～60%，而通过式（2-26）计算得到的管顶土

压力与本章现场试验实测值和McGrath等[22]报道的现场试验实测值的相对误差均小于10%。利用式(2-27)和式(2-28)计算得到的管道侧向土压力与本章现场试验实测值和McGrath等[22]报道的现场试验数据的相对误差均小于10%,见表2-15和表2-16。在AASHTO规范[49]中没有给出有关管侧土压力的计算方法。

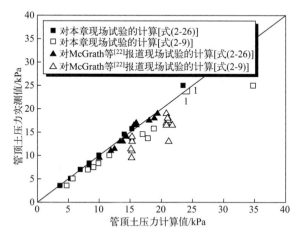

图2-18 管道顶部土压力计算值和现场实测值的对比

表2-14 McGrath等[22]报道的现场试验计算参数取值

计算参数	参数取值									
	工况1	工况2	工况3	工况4	工况5	工况6	工况7	工况8	工况9	工况12	工况13
回填土	砾石	砾石	砾石	砾石	砂	砂	砂	砂	砾石	砾石	砾石
D/m	1.1	1.1	1.1	1.1	1.1	1.1	1.1	1.1	1.1	1.1	1.7
B/m	1.5	1.5	2.1	2.1	1.5	1.5	2.1	2.1	1.5	2.1	2.1
H/m	1.2	1.2	1.2	1.2	1.2	1.2	1.2	1.2	1.2	1.2	1.2
γ/(kN/m³)	20.7	17.9	20.7	19.3	13.0	15.4	14.3	15.4	20.7	17.9	19.3
M_s/MPa	10.78	0.79	10.78	3.27	0.79	13.78	8.78	13.78	10.78	0.79	3.27
PS/kPa	390	390	390	390	390	390	390	390	390	36	36

注:McGrath等[22]没有报道工况10、工况11和工况14的管顶土压力现场实测数据。

表2-15 McGrath等[22]报道现场试验管道侧向土压力实测值和计算值的对比

项目	工况1	工况2	工况3	工况4	工况5	工况6	工况7	工况8	工况9	工况12	工况13
H/m	1.2	1.2	1.2	1.2	1.2	1.2	1.2	1.2	1.2	1.2	1.2
实测值/kPa	30	27	25	25	20	22	19	20	30	24	25

续表

项目	工况1	工况2	工况3	工况4	工况5	工况6	工况7	工况8	工况9	工况12	工况13
计算值/kPa	29.42	25.44	26.17	24.40	18.48	21.89	18.08	19.47	29.42	23.80	23.37
相对误差/%	1.94	6.10	4.50	2.44	8.42	0.48	5.10	2.71	1.94	0.70	6.94

表 2-16 本章现场试验管道侧向土压力实测值和计算值的对比

试验管道	H/m	实测值/kPa	计算值/kPa	相对误差/%
P1	0.4	8.5	7.8	8.8
	0.6	12.4	11.3	9.7
	0.9	18.5	17.0	8.8
P2	0.5	10.2	9.4	8.2
	1.0	20.7	18.9	9.4
	1.9	36	37.2	3.3

2.5.3 管道在填土高度小于其直径时的竖向和水平向挠曲变形

图 2-19 为当管底填土高度（H'）小于管道直径时，不同直径管道的竖向和水平向挠曲变形百分比随管底填土高度的变化。从图 2-19(a) 中可以看出，管道竖向和水平向的挠曲变形百分比随着管道直径的增大而减小。将管底填土高度（H'）用管道直径进行归一化处理（即 H'/D），然后将其作为图 2-19(b) 的横坐标。从图 2-19(b) 中可以看出，管道的竖向和水平向挠曲变形百分比均随着 H'/D 的增加而增大，而在相同的管底填土高度条件下，不同直径管道的竖向和水平向挠曲变形百分比的相对误差均小于 5%。

图 2-20 为当管底填土高度小于管道直径时，不同环刚度管道的竖向和水平向挠曲变形百分比随 H'/D 的变化。从图中可以看出，当管底填土高度一致时，随着管道环刚度的增加，管道的竖向和水平向挠曲变形百分比逐渐减小。例如，当管底填土高度等于管道直径时（即 $H'/D=1$），随着管道环刚度从 2kPa 增加到 16kPa，其竖向和水平向挠曲变形百分比分别减小了 22% 和 21%。

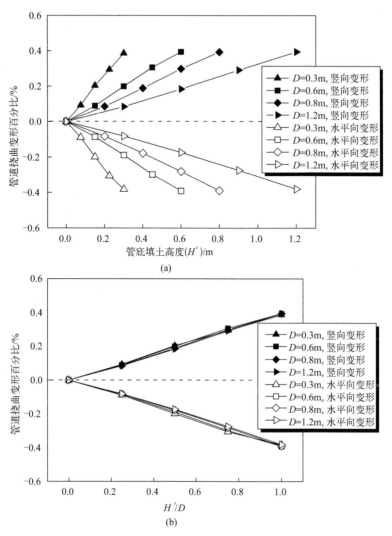

图 2-19 不同直径管道的挠曲变形百分比随管底填土高度的变化

图 2-21 为当管底填土高度小于管道直径时，管侧采用不同回填土体时，管道的竖向和水平向挠曲变形百分比随 H'/D 的变化。从图中可以看出，当管侧填土为 SW85（$S_f=101$）和 CL95（$S_f=115$）时，管道竖向和水平向挠曲变形百分比的相对误差均小于 5%。而当管侧填土为 SW95（$S_f=431$）时，管道竖向和水平向挠曲变形百分比比管侧填土为 SW85（$S_f=101$）时大 25%。

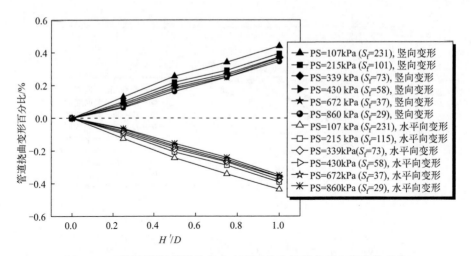

图 2-20 不同环刚度管道的挠曲变形百分比随管底填土高度的变化

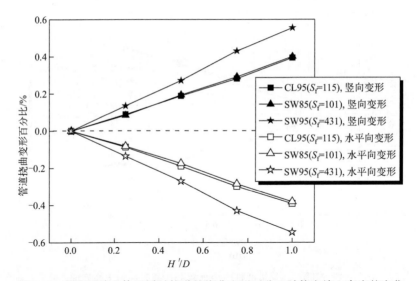

图 2-21 侧向回填土体不同时管道的挠曲变形百分比随管底填土高度的变化

  图 2-22 为当管底填土高度小于管道直径时，在不同沟槽宽度（B）条件下，管道的竖向和水平向挠曲变形百分比随 H'/D 的变化。从图中可以看出，当沟槽宽度从 0.8m 增大到 2.0m 时，管道的竖向和水平向挠曲变形百分比的相对误差均小于 5%。图 2-23 为当管底填土高度小于管道直径时，管道的竖向和水平向挠曲变形百分比在采用不同土体压实装备条件下随 H'/D 的变化。从图中可以看出，在相同的管底填土高度下，当采

用冲击夯实机（$K_n=2.0$）压实管侧土体时，管道的竖向和水平向挠曲变形百分比是采用平板振动压实机（$K_n=1.0$）时的 2.3～2.5 倍。

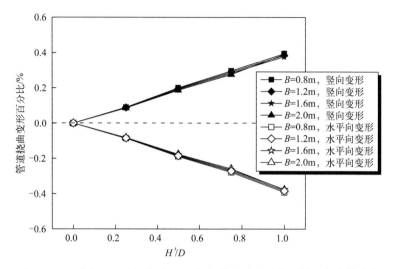

图 2-22　管道在不同沟槽宽度下挠曲变形百分比随管底填土高度的变化

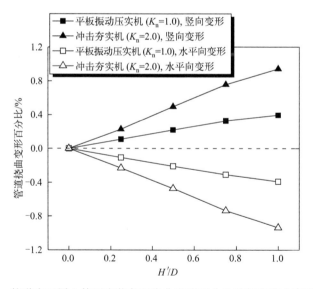

图 2-23　管道在不同土体压实装备下挠曲变形百分比随管底填土高度的变化

基于以上数值模拟计算结果可知，管道直径、管土相对刚度以及回填土体压实装备对管道在填土高度小于其直径时的竖向和水平向挠曲变形有显著的影响，而沟槽宽度的影响则可以忽略。另外，从图 2-19～图 2-23 中还可以看出，当管底填土高度小于管道直径时，管道在竖向和水平向产生的挠曲变形量基本相同（管道竖向和水平向挠曲变形百分比的符号相反），且均随着 H'/D 的增加而呈现线性增长。利用线性函数对管道竖向和水平向的挠曲变形百分比随 H'/D 的变化进行回归分析：

$$\Delta y/D = -\Delta x/D = (0.05S_f + 33)\eta H'/(10000D) \quad (2\text{-}29)$$

式中 η——土体压实机械修正系数（取为 1.0 和 2.4 以分别反映采用平板振动压实机和冲击夯实机对管道挠曲变形的影响）。

将 McGrath 等[22]、Arockiasamy 等[46]、Masada 和 Sargand[45]、Corey 等[107] 报道的 HDPE 管道挠曲变形试验实测值与利用式(2-15) 和式(2-29) 计算得到的管道挠曲变形进行对比，所采用的计算参数分别见表 2-17～表 2-20。图 2-24 为 McGrath 等[22]、Arockiasamy 等[46]、Masada 和 Sargand[45] 报道的采用平板振动压实机压实回填土体时，HDPE 管道竖向挠曲变形实测值和式(2-15) 和式(2-29) 计算值的对比。从图中可以看出，利用式(2-15) 计算得到的管道竖向挠曲变形百分比与 McGrath 等[22]（工况 4、工况 7 和工况 11）、Arockiasamy 等[46]、Masada 和 Sargand[45] 报道的现场试验实测值的相对误差为 9%～20%，是 McGrath 等[22]（工况 13 和工况 14）报道现场试验实测值的 6～8 倍。利用式(2-29) 计算得到的管道竖向挠曲变形百分比与 McGrath 等[22]、Arockiasamy 等[46]、Masada 和 Sargand[45] 报道的现场试验实测值的相对误差均小于 10%。

表 2-17 McGrath 等[22] 报道的管道挠曲变形计算参数取值

计算参数	参数取值									
	工况 1	工况 3	工况 4	工况 6	工况 7	工况 8	工况 9	工况 11	工况 13	工况 14
D/m	1.1	1.1	1.1	1.1	1.1	1.1	1.1	1.1	1.7	1.7
PS/kPa	390	390	390	390	390	390	390	390	36	36
PS_H/kPa	16000	16000	16000	16000	16000	16000	16000	16000	11000	11000
M_s/MPa	13.06	13.06	7.58	13.80	8.78	13.80	13.06	7.58	7.58	7.58
P_c/kPa	5.510	5.510	0.400	2.690	0.207	2.690	5.510	0.400	0.400	0.207
K_0	0.41	0.41	0.41	0.53	0.53	0.53	0.41	0.41	0.41	0.53

续表

计算参数	参数取值									
	工况1	工况3	工况4	工况6	工况7	工况8	工况9	工况11	工况13	工况14
B/m	1.5	2.7	2.7	1.5	2.7	2.7	1.5	3.3	3.3	2.1
D_L	1.0	1.0	1.0	1.0	1.0	1.0	1.0	1.0	1.0	1.0
K	0.1	0.1	0.1	0.1	0.1	0.1	0.1	0.1	0.1	0.1
$\gamma/(kN/m^3)$	20.7	20.7	19.3	15.4	14.3	15.4	20.7	19.3	19.3	14.3
H/m	0.2、0.8 和1.2	0.2、0.8 和1.2	0.2、0.8 和1.2	0.2、0.8 和1.2	0.2、0.8 和1.2	0.2、0.8 和1.2	0.2、0.8 和1.2	0.2、0.8 和1.2	0.2、0.8 和1.2	0.2、0.8 和1.2
C_d^c	0.13、0.45 和0.66	0.07、0.27 和0.40	0.07、0.27 和0.40	0.13、0.46 和0.70	0.07、0.28 和0.41	0.07、0.28 和0.41	0.13、0.45 和0.66	0.06、0.23 和0.32	0.06、0.23 和0.32	0.09、0.32 和0.50

注：McGrath 等[22] 没有报道工况2、工况5、工况10和工况12的管道挠曲变形现场实测数据。

表2-18 Arockiasamy 等[46] 报道的管道挠曲变形计算参数取值

计算参数	PS/kPa	PS_H/kPa	M_s/MPa	B/m	D/m	$\gamma/(kN/m^3)$	D_L	K	K_0	P_c/kPa
参数取值	238	18700	9.76	2.3	1.34	20	1.0	0.1	0.34	0.207

表2-19 Masada 和 Sargand[45] 报道的管道挠曲变形计算参数取值

计算参数	参数取值									
	P7	P8	P9	P12	P13	P14	P15	P16	P17	P18
PS/kPa	246	244	168	243	211	211	211	128	128	128
M_s/MPa	13.78	13.78	7.56	16.88	10.47	13.78	15.85	13.06	16.88	13.78
P_c/kPa	0.21	0.21	0.21	0.41	0.41	0.21	0.21	0.41	0.41	0.21
r/m	0.41	0.41	0.41	0.41	0.57	0.57	0.57	0.80	0.80	0.80
$\gamma/(kN/m^3)$	18.95	19.10	19.60	21.48	17.77	18.20	20.05	20.10	21.59	18.09
K_0	0.29	0.39	0.31	0.28	0.34	0.29	0.33	0.33	0.28	0.29

注：Masada 和 Sargand[45] 报道的管道P1～P6为PVC管道，而没有报道管道P10和P11的挠曲变形现场实测数据。

表2-20 Corey 等[107] 报道的管道挠曲变形计算参数取值

计算参数	PS/kPa	M_s/MPa	B/m	D/m	$\gamma/(kN/m^3)$	D_L	K	K_0	P_c/kPa
参数取值	294	13.8	1.22	0.642	18.1	1.0	0.1	0.34	2.69

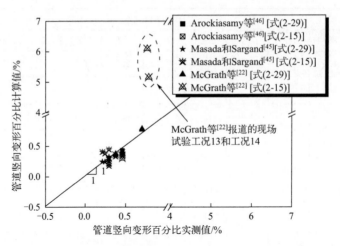

图 2-24 管道在采用平板振动压实机时竖向挠曲变形百分比
计算值和现场实测值的对比

图 2-25 为 McGrath 等[22]、Arockiasamy 等[46]、Masada 和 Sargand[45] 报道的采用平板振动压实机压实回填土体时,HDPE 管道水平向挠曲变形实测值和利用式(2-15)和式(2-29)计算值的对比。从图中可以看出,利用式(2-15)计算得到的管道水平向挠曲变形百分比与 McGrath 等[22](工况 4、工况 7 和工况 11)、Masada 和 Sargand 等[45] 报道的现场试验实测值的相

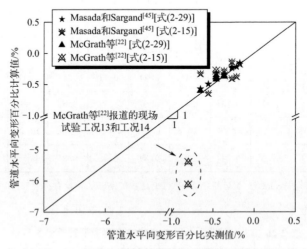

图 2-25 管道在采用平板振动压实机时水平向挠曲变形
百分比计算值和现场实测值的对比

对误差为5%~21%,而是McGrath等[22](工况13和工况14)报道的现场试验实测值的5~6倍。利用式(2-29)计算得到的管道水平向挠曲变形百分比与McGrath等[22]、Masada和Sargand[45]报道的现场试验实测值的相对误差分别为5%~10%和3%~8%。由图2-24和图2-25可知,利用式(2-15)计算得到的管道竖向和水平向挠曲变形百分比均与McGrath等[22](工况13和工况14)报道的现场试验实测数据有较大误差。这可能是因为在式(2-15)中没有考虑管土界面摩擦力和管侧填土刚度对管道挠曲变形的影响。

图2-26和图2-27为McGrath等[22]和Corey等[107]报道的采用冲击夯实机压实回填土体时,HDPE管道竖向和水平向挠曲变形实测值和利用式(2-15)和式(2-29)计算值的对比。从图中可以看出,利用式(2-15)和式(2-29)计算得到的管道竖向和水平向挠曲变形百分比与Corey等[107]报道的模型箱试验实测值的相对误差为4%~20%,而均与McGrath等[22]报道的现场试验实测值相差较大。尽管如此,从图中仍可以看出利用式(2-29)对McGrath等[22]报道的管道竖向和水平向挠曲变形的计算相对误差要小于式(2-15)。

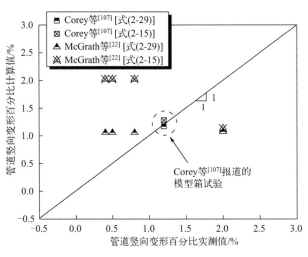

图2-26 管道在采用冲击夯实机时竖向挠曲变形百分比
计算值和现场实测值的对比

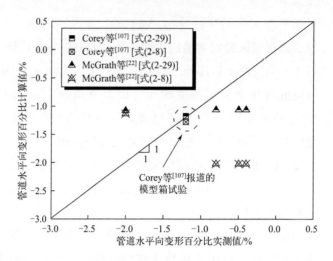

图 2-27　管道在采用冲击夯实机时水平向挠曲变形百分比
计算值和现场实测值的对比

2.5.4　管道在填土高度大于其直径时的竖向和水平向挠曲变形

图 2-28 为不同直径管道的竖向和水平向挠曲变百分比随管顶填土高度（H）的变化。从图中可以看出，管道的竖向和水平向挠曲变形百分比随着管顶填土高度的增加而减小。在相同的管顶填土高度条件下，不同直径管道的竖向和水平向挠曲变形百分比相对误差均小于 10%。

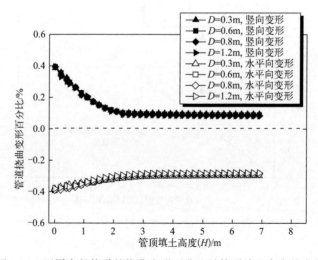

图 2-28　不同直径管道的挠曲变形百分比随管顶填土高度的变化

图 2-29 为在不同沟槽宽度（B）条件下，管道的竖向和水平向挠曲变百分比随管顶填土高度（H）的变化。从图中可以看出，在相同的管顶填土高度条件下，管道的竖向和水平向挠曲变百分比在不同沟槽宽度条件下的相对误差均小于5%。

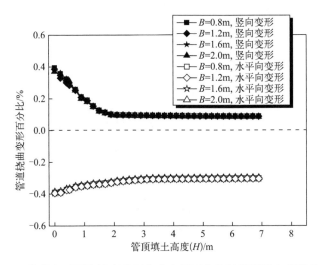

图 2-29　管道在不同沟槽宽度下挠曲变形百分比随管顶填土高度的变化

图 2-30 为不同环刚度管道的竖向和水平向挠曲变形百分比随管顶填土高度的变化。从图中可以看出，当管道环刚度从 2kPa 增加为 16kPa，管道的竖向和水平向挠曲变形分别减小了 35%～56% 和 42%～64%。

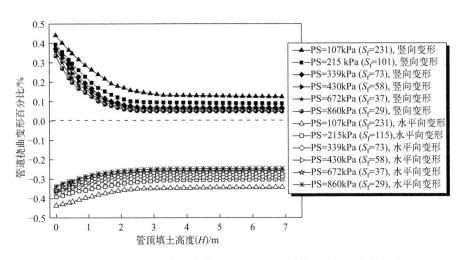

图 2-30　不同环刚度管道的挠曲变形百分比随管顶填土高度的变化

图 2-31 为管侧回填土体不同时，管道的竖向和水平向挠曲变形百分比随管顶填土高度的变化。从图中可以看出，当管侧填土为 SW85（$S_f=101$）和 CL95（$S_f=115$）时，管道竖向和水平向挠曲变形百分比的相对误差均小于 5%；而当采用 SW95（$S_f=431$）为管侧填土时，管道竖向和水平向挠曲变形百分比分别比管侧填土为 SW85（$S_f=101$）时大 35%～83% 和 30%～75%，这表明管土相对刚度对管道竖向和水平向的挠曲变形有显著的影响。

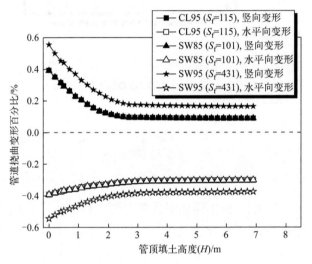

图 2-31　管道在侧向回填土体不同时挠曲变形百分比随管顶填土高度的变化

图 2-32 为管道的竖向和水平向挠曲变形百分比在采用不同土体压实装备时随管顶填土高度的变化。从图中可以看出，在相同的管顶填土高度下，当采用冲击夯实机（$K_n=2.0$）压实回填土体时，管道的竖向和水平向挠曲变形百分比是采用平板振动压实机（$K_n=2.0$）时的 2.2～2.5 倍。

图 2-33 为管道的竖向和水平向挠曲变形百分比在管道上覆填土重度不同时随管顶填土高度的变化。从图中可以看出，当管顶填土重度从 $15kN/m^3$ 增大到 $21kN/m^3$，管道竖向和水平向挠曲变形百分比分别减小了 3%～56% 和 2%～20%。

基于以上数值模拟计算结果可知，管土相对刚度、回填土体压实装备以及管道上覆土体重度对埋地 HDPE 管道在填土高度大于其直径时的竖向和水平向挠曲变形有显著的影响，而管道直

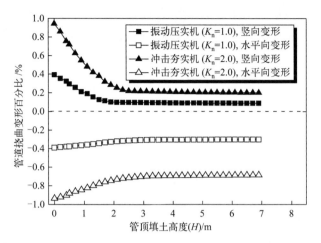

图 2-32 管道在采用不同土体压实装备时挠曲变形百分比随管顶填土高度的变化

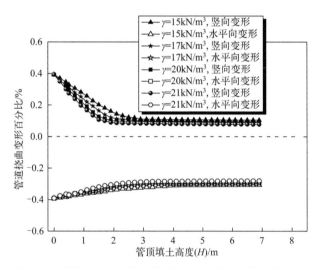

图 2-33 管道在上覆填土重度不同时挠曲变形百分比随管顶填土高度的变化

径和沟槽宽度的影响则可以忽略。从图 2-28～图 2-33 中还可以看出，在上覆填土作用下，管道竖向挠曲变形百分比逐渐减小，而水平向挠曲变形百分比逐渐增大，即管道由于管侧土体压实作用而产生的"竖向椭圆"挠曲变形在管道上覆填土作用下逐渐恢复。从图中还可以看出，管道竖向挠曲变形的"恢复量"明显大于其水平向挠曲变形的"恢复量"，这是因为由于 HDPE 管道的环向压缩刚度较小，其在上覆填土作用下产生了环向压缩变形[15]。

利用指数函数对管道在上覆填土作用下的竖向和水平向挠曲

变形百分比随管顶填土高度的变化进行回归分析：

$$\Delta x/D = [-0.03S_f + 3.4 + (0.02S_f + 29.6)]e^{-\gamma H/20}\eta/10000 \quad (2\text{-}30)$$

$$\Delta y/D = [-0.03S_f + 23.4 + (0.02S_f + 9.6)]e^{-\gamma H/20}\eta/10000 \quad (2\text{-}31)$$

式中　η——土体压实机械修正系数（取值为1.0和2.4以分别反映采用平板振动压实机和冲击夯实机对HDPE管道挠曲变形的影响）。

将McGrath等[22]、Arockiasamy等[46]和Corey等[107]报道的HDPE管道挠曲变形试验数据与方法一、方法二、方法三以及式(2-30)和式(2-31)计算值进行对比，所采用的计算参数分别见表2-17、表2-18和表2-20。图2-34为McGrath等[22]和Arockiasamy等[46]报道的采用平板振动压实机进行压实作业时，HDPE管道竖向挠曲变形实测值与式(2-31)计算值的对比。从图2-34(a)中可以看出，利用方法三计算得到的管道竖向挠曲变形百分比为负值（即管道的竖向直径较管道未变形时减小），而Arockiasamy等[46]报道的HDPE管道竖向挠曲变形百分比为正值（即管道的竖向直径大于管道未变形时）。利用方法一和方法二对Arockiasamy等[46]报道的HDPE管道竖向挠曲变形百分比的计算值与现场实测值的相对误差与方法三相比有所减小，但误差值仍然比较明显（56%~80%）。从图2-34(b)中可以看出，利用方法一和方法二计算得到的管道竖向挠曲变形百分比是McGrath等[22]（工况13和工况14）报道现场实测值的8~15倍。从图2-34(a)和(b)中可以看出，利用式(2-31)计算得到的管道竖向挠曲变形百分比与McGrath等[22]和Arockiasamy等[46]报道的现场试验实测值的相对误差均小于10%。

图2-35为McGrath等[22]报道的采用平板振动压实机进行压实作业时，HDPE管道水平向挠曲变形百分比实测值和式(2-30)计算值的对比。从图2-35中可以看出，利用方法一计算得到的管道水平向挠曲变形百分比是McGrath等[22]（工况13和工况14）报道的现场实测值的7~8倍，而利用式(2-30)计算得到的管道竖向挠曲变形百分比与McGrath等[22]报道的现场试验实测值的相对误差小于10%。

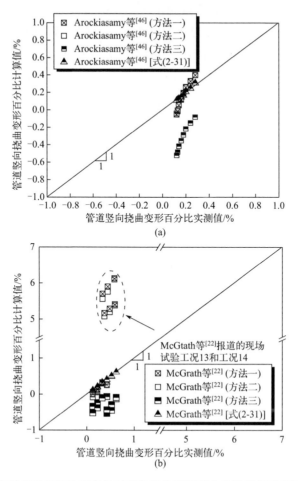

图 2-34 管道在采用平板振动压实机时竖向挠曲变形百分比计算值和现场实测值的对比

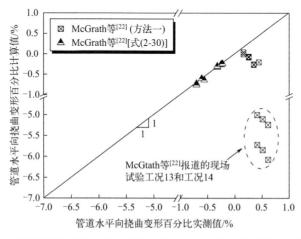

图 2-35 管道在采用平板振动压实机时水平向挠曲变形百分比计算值和现场实测值的对比

图 2-36 为 McGrath 等[22] 和 Arockiasamy 等[46] 报道的采用冲击夯实机进行压实作业时，HDPE 管道竖向挠曲变形实测值和式(2-31) 计算值的对比。从图中可以看出，利用方法三计算得到的管道竖向挠曲变形百分比为负值（即管道的竖向直径较管道未变形时减小），而 McGrath 等[22] 报道的 HDPE 管道挠曲变形百分比实测数据为正值（即管道的竖向直径大于管道未变形时）。这是因为在方法三中没有考虑管道在管侧填土压实作用下所产生的"竖向椭圆"变形。利用式(2-31) 计算得到的管道竖向挠曲变形百分比与 McGrath 等[22] 所报道的 HDPE 管道竖向挠曲变形百分比的相对误差均小于方法一和方法二。从图中还可以看出，利用式(2-31) 计算得到的管道竖向挠曲变形与 Arockiasamy 等[46] 报道的 HDPE 管道在采用冲击夯实机进行压实作业时的竖向挠曲变形百分比的相对误差小于 10%。

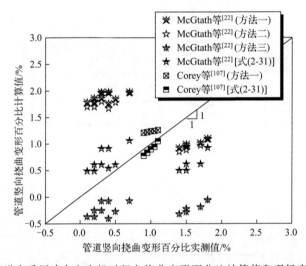

图 2-36　管道在采用冲击夯实机时竖向挠曲变形百分比计算值和现场实测值的对比

图 2-37 为 McGrath 等[22] 和 Corey 等[107] 报道的采用冲击夯实机进行压实作业时，HDPE 管道水平向挠曲变形实测值和式(2-30) 计算值的对比。从图中可以看出，利用方法一和式(2-30) 计算得到的管道水平向挠曲变形百分比与 McGrath 等[22] 报道的 HDPE 管道挠曲变形百分比均有较大的相对误差，而利用式(2-30) 计算得到的管道水平向挠曲变形百分比与 Corey 等[107] 所报道 HDPE 管道挠曲变形百分比的相对误差小于 10%。

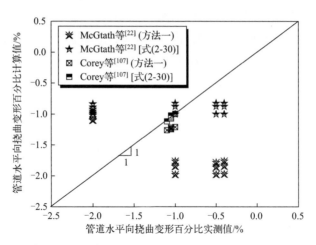

图 2-37 管道在采用冲击夯实机时水平向挠曲变形
百分比计算值和现场实测值的对比

2.6 本章小结

本章通过现场试验以及数值模拟，研究了 HDPE 管道在施工回填过程中的受力变形特征，分析了管道直径、管土相对刚度、管道沟槽宽度以及回填土体压实装备等因素对管顶和管侧土压力以及管道竖向和水平向挠曲变形的影响。主要得到以下结论：

① 采用 AASHTO 规范以及土体自重应力计算得到的管道顶部土压力比现场实测值分别大 7%～36% 和 8%～42%。这是因为 HDPE 管道在上覆填土作用下产生了向下的挠曲变形，而在管道上覆填土中诱发了正土拱效应，且其随着管顶填土高度的增加而越加显著。由于在 AASHTO 规范中忽略了土体内部黏聚力的影响，从而使其对管道顶部土压力的计算值大于现场实测值。

② 在施工回填过程中，管道的侧向土压力大于其顶部土压力。在管道上覆填土中，距离管顶位置越近，其土拱率越小，表明管道上覆填土中剪应力的发挥随高度的增加而递减。管道顶部

土拱率随着填土高度的增加而减小。当 $H/B<1.0$ 时,管侧土拱率随 H/B 的增加而逐渐增大;而当 $H/B>1.0$ 时,管侧土拱率随 H/B 的增加而逐渐减小。通过数值参数敏感性分析,提出了关于管道顶部和侧向土压力的计算式,即 $P_{top}=[0.12+0.88\exp(-0.65H/B)]\gamma H$,$P_{Hsp}=[0.87+0.16\ln(H/B+0.01)]\gamma H(H/B \leqslant 1.0)$ 和 $P_{Hsp}=[0.14+1.2\exp(-0.5H/B)]\gamma H(H/B>1.0)$,并通过现有文献所报道的试验数据对其进行了验证。

③ 在管侧填土的压实过程中,HDPE 管道竖向直径增大,而水平向直径减小,呈现出"竖向椭圆"变形,其可以减小管道在上覆填土作用下的挠曲变形,从而改善管道在服役期间的工作性能。通过数值参数敏感性分析,提出了当填土高度小于管道直径时,管道竖向和水平向挠曲变形的计算式,即 $\Delta y/D=-\Delta x/D=(0.05S_f+33)\eta H'/(10000D)$,并通过现有文献所报道的试验数据对其进行了验证。

④ 在上覆填土作用下,HDPE 管道在管侧土体压实作用下产生的"竖向椭圆"变形逐渐恢复,而由于其在上覆填土作用下同时发生了环向压缩变形,使得其竖向挠曲变形的恢复量小于其水平向挠曲变形恢复量。通过数值参数敏感性分析,提出了当填土高度大于管道直径时,管道竖向和水平向挠曲变形的计算式,即 $\Delta x/D=[-0.03S_f+3.4+(0.02S_f+29.6)]e^{\gamma H/20}\eta/10000$ 和 $\Delta y/D=[-0.03S_f+23.4+(0.02S_f+9.6)]e^{\gamma H/20}\eta/10000$,并通过现有文献所报道的试验数据对其进行了验证。

第3章 埋地HDPE管道在地基局部不均匀沉降下的力学响应

3.1 概述

随着我国城市化进程的加快，地下管道工程在国家经济建设以及人们的日常生活中日益占据着重要的地位。高密度聚乙烯（HDPE）管道与传统材料（混凝土、铸铁等）管道相比，由于其自重轻、成本低，而且不用考虑防腐蚀等特点，在地下管道系统中得到了广泛的应用[130]。基坑降水、岩溶作用以及管道接头渗漏等均会诱发地基土体的局部不均匀沉降（土体沉降槽呈现出"类高斯分布"），而地基不均匀沉降会进一步导致埋地管道的不均匀沉降变形，造成其破坏失效。对于埋地管道在地基不均匀沉降条件下的受力变形，现有规范中主要采用的计算方法为Winkler弹性地基梁理论[50]，然而其不能考虑管道周围土体的抗剪以及应力扩散等特性。采用模型试验的方法可以实时监测埋地管道的受力变形，从而能够更加有效地研究分析埋地管道的力学响应特征。本章通过室内模型试验，研究埋地HDPE管道在地基局部不均匀沉降下的受力变形，分析管道上覆土层中的沉降分布特征，建立管道变形和填土表面沉降之间的关系，提出管道在地基局部不均匀沉降下上覆土压力的计算方法。研究结果可为我国相关规范的制定提供理论及试验依据。

3.2 模型试验材料及方案

3.2.1 模型试验箱

模型箱的尺寸为 2m（长）×2m（宽）×1.5m（高），模型箱的底板由 8 块可以活动的铁板制成，其尺寸为 2m（长）×0.25m（宽）×0.1m（高），每块底板的高度可以通过与其相连的旋转轮进行调节。模型试验箱的一个侧壁用有机玻璃制成，以作为试验过程中的观察窗，并且每个侧壁均用加劲肋加固以保证试验过程中模型箱的稳定，如图 3-1（彩图见书后）和图 3-2 所示。

图 3-1　试验模型箱照片

3.2.2 试验材料

试验管道采用 HDPE 双壁波纹管道，其基本参数见表 3-1。

表 3-1　试验管道的基本参数

管道公称内径/mm	长度/m	层压壁厚/mm	内层壁厚/mm	波峰高度/mm	波纹长度/mm	弯曲刚度/(kN·m²/m)
200	2	1.7	1.2	10	30	5
300	2	2.2	1.7	15	40	18
400	2	2.5	2.0	25	50	48

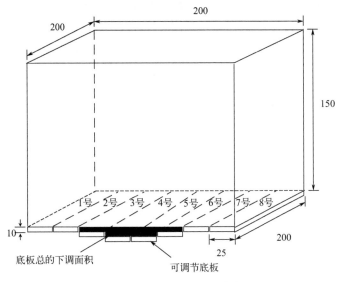

图 3-2　试验模型箱原理图（单位：cm）

试验用砂取自南京长江边，晒干后过孔径为 2mm 的筛备用，其基本参数见表 3-2。根据《土的工程分类标准》（GB/T 50145—2007）[133]，试验用砂为级配不良的粗砂，相较于管道周围采用级配良好的填砂，其更容易发生不均匀沉降变形，进而可以得到埋地管道在最不利荷载条件下的挠曲变形。

表 3-2　试验用砂的基本参数

参数		数值	参数	数值
相对密度		2.65	d_{60}/mm	0.40
最大孔隙比		0.78	d_{30}/mm	0.23
最小孔隙比		0.52	d_{10}/mm	0.14
含水率/%		1.00	不均匀系数 C_u	2.86
砂粒	粗(2~0.5mm)/%	27.44	曲率系数 C_c	0.94
	中(0.5~0.25mm)/%	46.22		
	细(250~75μm)/%	26.34		

3.2.3　试验方案

为了保证填筑的均匀性，在模型试验中采用砂雨法进行填筑。为此，在模型试验之前进行砂雨试验研究，以得到填砂落距与砂土密度之间的关系曲线，如图 3-3 所示。在模型试验过程中，通过调整传送带支架距填筑面的高度进行分层填筑，本次模型试验中砂雨的落高为70cm，根据砂雨试验结果，其对应的砂土填筑密度为1.46g/cm³。为了减少模型箱壁与砂土之间的摩擦，在填筑砂土之前，预先将凡士林均匀地涂抹在模型箱壁的内表面。

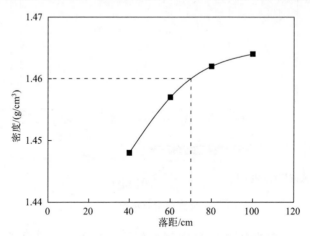

图 3-3　落砂试验中落距与密度之间的关系曲线

模型试验中采用自制沉降板对试验管道及其上覆土体中的沉降变形进行监测，如图 3-4 所示。沉降板两端为边长 5cm、厚 0.5cm 的正方形有机板，中间以直径 1cm 的有机玻璃棒连接，为了避免沉降板的自重对模型试验沉降观测精度的影响，沉降板采用轻质有机玻璃材料制成；为了减小砂土对沉降板的摩擦作用，在沉降板有机玻璃棒外侧套一段直径 2cm 的聚氯乙烯（PVC）塑料管，以避免沉降板直接与砂土接触。土压力盒采用振弦式传感器，量程（FS）为 0.2MPa，准确度和分辨率分别为 0.5％ FS 和 0.01％ FS。采用数据采集器（data taker）记录土压力盒数据。

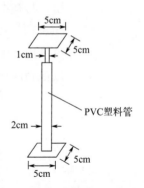

图 3-4　沉降板结构示意图

试验管道的两端通过固定支架与模型箱壁连接，在固定支架上安装有可以被插入管道端部的圆盘，用以模拟管道接头的连接。通过控制模型箱底板各分块之间的不同下调位移以在试验砂土中诱发不均匀沉降，进而对埋地 HDPE 管道的受力变形及其上覆土层沉降分布特征进行研究分析。模型箱底板分 6 次进行调节，其位移下调模式如图 3-5 所示。模型箱底板每分钟下调位移为 3mm，在每次下调模型箱底板后，均将整个试验装置静置一段时间，直到管道竖向位移变化量小于 1mm 时，再进行下一次模型箱底板的下调。

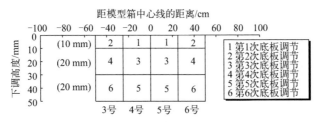

图 3-5　模型箱底板位移调节模式

本章采用五组模型试验进行研究，具体工况见表 3-3。试验管道、土压力盒以及沉降板在每组模型试验中的布置如图 3-6 和图 3-7 所示。

表 3-3　模型试验工况

试验工况	试验管道	管道直径/mm	管侧埋深/m
工况 1	P1	200	0.9
工况 2	P2	300	0.9
工况 3	P3	300	0.6
工况 4	P4	400	0.9
工况 5	—	—	—

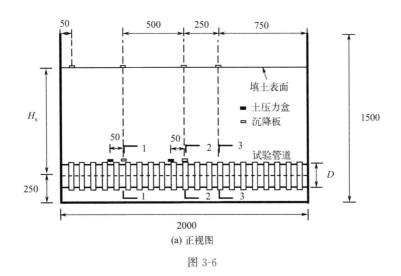

(a) 正视图

图 3-6

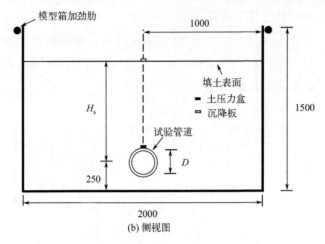

(b) 侧视图

图 3-6 工况 1~工况 4 的模型箱试验布置示意图（单位：mm）

H_s—管侧填土高度；D—管道直径

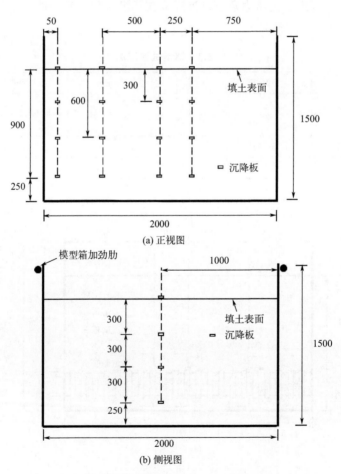

图 3-7 工况 5 的模型箱试验布置示意图（单位：mm）

3.3 模型试验结果及分析

3.3.1 没有埋设管道时土体自身的沉降变形

高斯函数曲线被广泛地应用于由地铁开挖而引发土体不均匀沉降变形的研究分析中[63,81,102,142]：

$$S(x) = S_{max} e^{-0.5(x/i)^2} \tag{3-1}$$

式中 S_{max}——土体最大沉降量；

i——土体沉降槽曲线的宽度系数（即曲线的中轴线到其反弯点的距离）。

然而，Vorster 等[68] 和 Celestino 等[143] 指出：由于高斯函数［式(3-1)］的参数变量较少（即函数的曲线形状较为固定），使其在对现场以及室内模型试验的土体不均匀沉降数据进行拟合分析时往往精度较低。在本章的研究中，用式(3-1)对没有埋设管道时土体的沉降变形（工况 5）进行拟合分析时，发现其决定系数 $(R^2) < 0.7$。因此，为了提高对土体沉降变形试验数据的拟合精度，本章对式(3-1)进行了修正：

$$S(x) = mS_{max}[e^{-0.5(nx/i+\alpha)^2} + e^{-0.5(nx/i-\alpha)^2}] \tag{3-2}$$

$$m = 0.5 e^{-0.5\alpha^2} \tag{3-3}$$

$$[1-(n+\alpha)^2]\exp(-2n\alpha) = (n-\alpha)^2 - 1 \tag{3-4}$$

式中 α——沉降变形曲线的形状系数，其可以使得修正高斯函数对于土体不均匀沉降数据在进行拟合分析时具有普遍的适用性[68]，如图 3-8 所示；

m，n——修正系数，其可以保证在修正的高斯曲线中，i 仍然为曲线的中轴线到其反弯点的距离。

用式(3-2)对土体沉降变形进行拟合，其拟合曲线如图 3-9 所示，其中 α 的取值为 0.5，图中拟合函数曲线的决定系数 (R^2) 均大于 0.95。

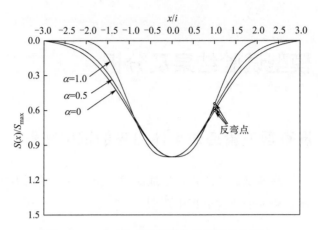

图 3-8 α 对于修正高斯函数曲线形状的影响

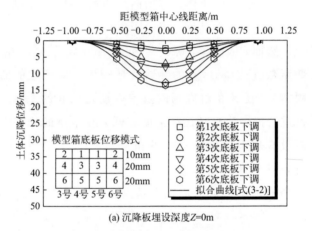

(a) 沉降板埋设深度 $Z=0$ m

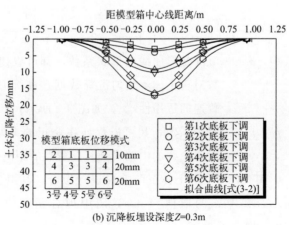

(b) 沉降板埋设深度 $Z=0.3$ m

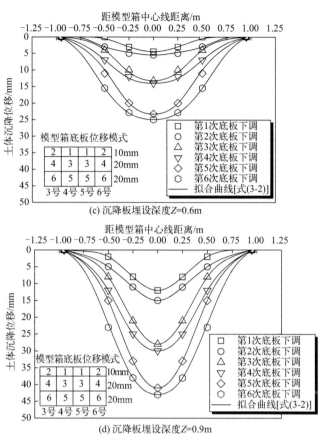

图 3-9 没有埋设管道时土体的沉降变形拟合曲线

图 3-10 为土体沉降槽曲线宽度系数（i）随模型箱底板下调的变化。从图中可以看出，土体沉降槽的宽度系数随着沉降槽深度的增加而逐渐减小，这表明土体沉降槽的宽度在从底部传播到填土表面的过程中逐渐增大。当第 2 次、第 4 次和第 6 次下调模型箱底板时（即将 3 号和 6 号模型箱底板下调 10mm、20mm 和 20mm），土体沉降槽的宽度系数随之增大；而当第 3 次和第 5 次下调模型箱底板时（即将 4 号和 5 号模型箱底板下调 20mm 和 20mm），土体沉降槽的宽度系数随之减小。

图 3-11 为土体最大沉降量（S_{max}）随模型箱底板下调的变化。从图中可以看出，土体最大沉降量随着沉降槽深度的增加而逐渐增大。当第 1 次、第 3 次和第 5 次下调模型箱底板时（即将 4 号和 5 号模型箱底板下调 10mm、20mm 和 20mm），土体最大

沉降量表现出显著增加，而当第2次、第4次和第6次下调模型箱底板时（即将3号和6号模型箱底板下调10mm、20mm和20mm），土体最大沉降量的增加量较小。

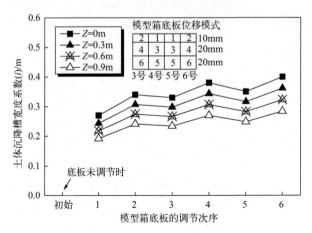

图3-10 土体沉降槽曲线宽度系数随模型箱底板下调的变化

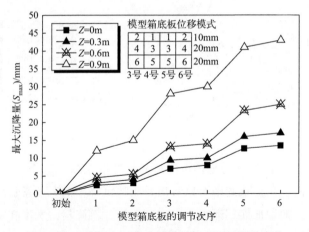

图3-11 土体最大沉降量随模型箱底板下调的变化

土体沉降槽体积可以用式(3-5)计算：

$$V_s = 2\sqrt{2\pi}\, mS_{max} i/n \tag{3-5}$$

式中 V_s——土体沉降槽体积，m^3/m。

图3-12为土体沉降槽体积（V_s）随模型箱底板下调的变化。从图中可以看出，土体沉降槽体积随着沉降槽深度的增加而逐渐增大。当第1次、第3次和第5次下调模型箱底板时（即将4号和5号模型箱底板下调10mm、20mm和20mm），土体沉降槽

体积表现出显著的增加，而当第 2 次、第 4 次和第 6 次下调模型箱底板时（即将 3 号和 6 号模型箱底板下调 10mm、20mm 和 20mm），土体沉降槽体积的增加量较小。

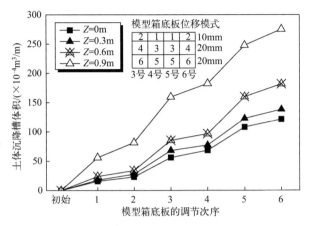

图 3-12　土体沉降槽体积随模型箱底板下调的变化

3.3.2　试验管道的竖向变形

图 3-13 是管道 P1、P2、P3 和 P4 随模型箱底板下调的竖向变形曲线。图中的管道竖向变形曲线同样利用式(3-2)拟合得到。图 3-14 为试验管道最大竖向变形（S_{pmax}）随模型箱底板下调的变化。从图中可以看出，管道 P1 的最大竖向变形＞管道 P2 的最大竖向变形＞管道 P4 的最大竖向变形，这是因为管道 P1 的纵向弯曲刚度（5kN·m²/m）＜管道 P2 的纵向弯曲刚度（18kN·m²/m）＜管道 P4 的纵向弯曲刚度（48kN·m²/m）。而管道 P2 的最大竖向变形＞管道 P3 的最大竖向变形，这是因为管道 P2 的埋深（0.9m）＞管道 P3 的埋深（0.6m）。

图 3-15 为管道最大竖向变形（S_{pmax}）随管土相对纵向弯曲刚度的变化。管土相对纵向弯曲刚度可由式(3-6)计算：

$$S_b = E_p I_p / (E I_s) \tag{3-6}$$

式中　E_p——管道的弹性模量，kPa；
　　　I_p——管道横向截面惯性矩，m⁴；
　　　E——土体的弹性模量，kPa；
　　　I_s——土体横向截面惯性矩，m⁴。

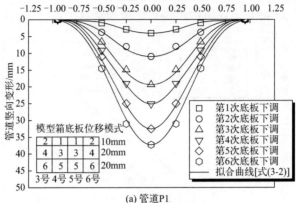

(a) 管道P1

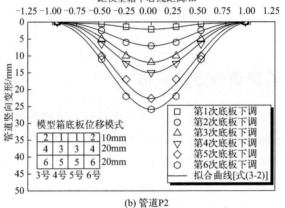

(b) 管道P2

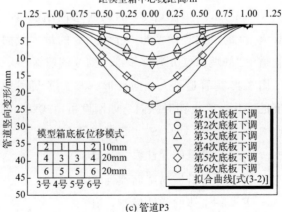

(c) 管道P3

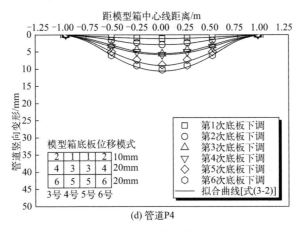

图 3-13 管道竖向变形随模型箱底板下调的变化

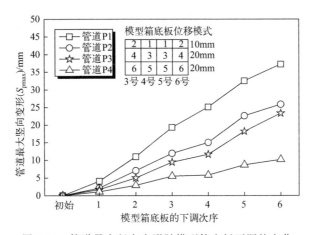

图 3-14 管道最大竖向变形随模型箱底板下调的变化

从图 3-15 中可以看出，S_{pmax} 随着管土相对纵向弯曲刚度的增加而增大。将试验管道的最大竖向变形（S_{pmax}）用没有埋设管道时对应的试验管道埋深处的土体最大沉降量（S_{smax}）进行归一化处理。图 3-16 为管道 P1、P2 和 P4 的最大竖向变形在经过归一化之后（即 S_{pmax}/S_{smax}）随管道纵向弯曲刚度的变化。从图中可以看出，S_{pmax}/S_{smax} 随着管道纵向弯曲刚度的增加而减小，这表明管道的竖向变形随着管道纵向弯曲刚度的增加而减小。

图 3-17 为管道变形曲线宽度系数（i_p）随模型箱底板下调的变化。从图中可以看出，管道 P4 变形曲线宽度系数＞管道 P2

第 3 章　埋地 HDPE 管道在地基局部不均匀沉降下的力学响应　　81

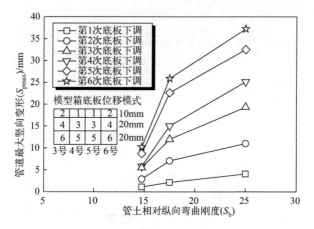

图 3-15 管道最大竖向变形随管土相对纵向弯曲刚度的变化

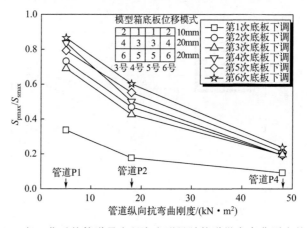

图 3-16 归一化后的管道最大竖向变形量随管道纵向弯曲刚度的变化

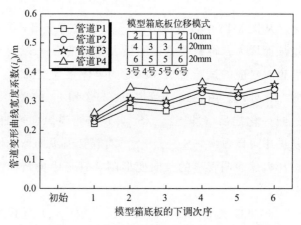

图 3-17 管道变形曲线宽度系数随模型箱底板下调的变化

变形曲线宽度系数＞管道 P1 变形曲线宽度系数，这表明管道变形曲线的宽度系数随着管道纵向弯曲刚度的增加而增大。管道 P2 变形曲线宽度系数＜管道 P3 变形曲线宽度系数，这表明管道变形曲线的宽度系数随着管道埋深的增加而减小。图 3-18 为管道变形曲线宽度系数（i_p）随管土相对纵向弯曲刚度的变化。从图中可以看出，i_p 随着管土相对纵向弯曲刚度的增加而减小。

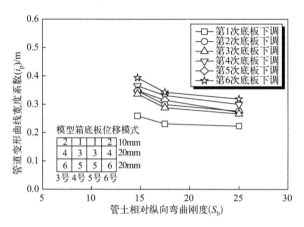

图 3-18 管道变形曲线宽度系数随管土相对纵向弯曲刚度的变化

管道变形曲线体积可以用式(3-7) 计算：

$$V_p = 2\sqrt{2\pi} m S_{p\max} i_p / n \tag{3-7}$$

式中 V_p——管道变形曲线体积，m^3/m。

图 3-19 为管道变形曲线体积（V_p）随模型箱底板下调的变化。从图中可以看出，管道 P1 变形曲线体积＞管道 P2 变形曲线体积＞管道 P4 变形曲线体积，这表明管道变形曲线体积随着管道纵向弯曲刚度的增加而减小。管道 P2 变形曲线体积＞管道 P3 变形曲线体积，这表明管道变形曲线体积随着管道埋深的增加而增大。

图 3-20 为管道变形曲线体积（V_p）随管土相对纵向弯曲刚度的变化。从图中可以看出，V_p 随着管土相对纵向弯曲刚度的增加而增大。

将试验管道的变形曲线体积（V_p）用没有埋设管道时对应的试验管道埋深处的土体沉降槽体积（V_s）进行归一化处理。图 3-21 为管道 P1、P2 和 P4 变形曲线体积在经过归一化之后（即 V_p/V_s）随管道纵向弯曲刚度的变化。从图中可以看出，V_p/V_s 随着管道纵向弯曲刚度的增加而减小。

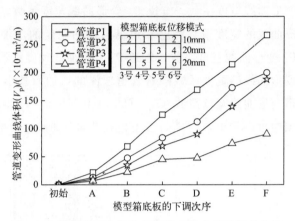

图 3-19 管道变形曲线体积随模型箱底板下调的变化

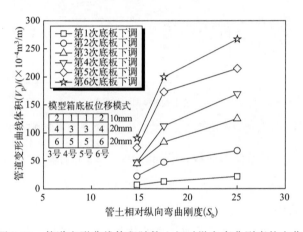

图 3-20 管道变形曲线体积随管土相对纵向弯曲刚度的变化

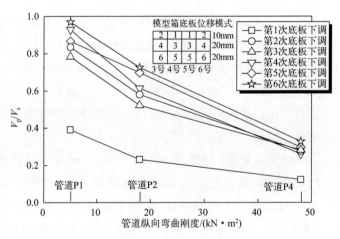

图 3-21 归一化后的管道变形曲线体积随管道纵向弯曲刚度的变化

3.3.3 填土表面的沉降位移

图 3-22 是试验管道上覆填土表面沉降位移随模型箱底板下调的变化。

从图 3-22 中可以看出，管道 P1 上覆填土表面的沉降位移＞管道 P2 上覆填土表面的沉降位移＞管道 P4 上覆填土表面的沉降位移，这是因为管道 P4 的纵向弯曲刚度＞管道 P2 的纵向弯曲刚度＞管道 P1 的纵向弯曲刚度。管道 P3 上覆填土表面的沉降位移＞管道 P2 上覆填土表面的沉降位移，这是因为模型箱底板到管道 P3 上覆填土表面的竖向距离（0.85m）＜模型箱底板到管道 P2 上覆填土表面的竖向距离（1.15m）。

从图 3-22 中还可以看出，当第 2 次、第 4 次和第 6 次下调模型箱底板时（即将 3 号和 6 号模型箱底板下调 10mm、20mm

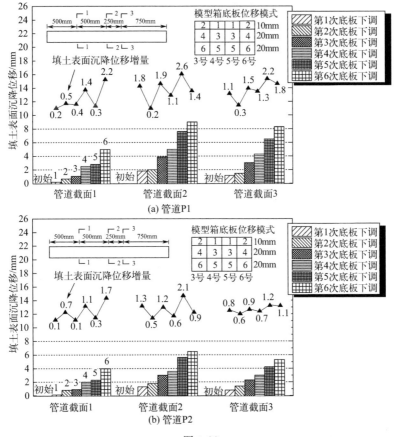

图 3-22

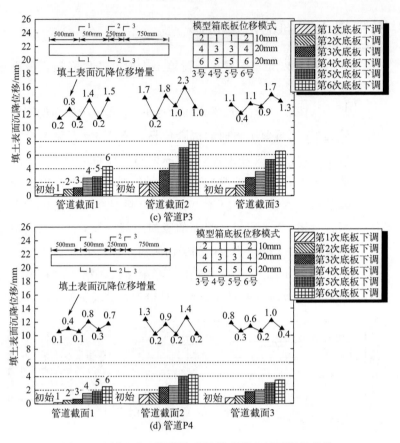

图 3-22 填土表面沉降位移随模型箱底板下调的变化

初始时沉降位移均记为 0mm

和 20mm），管道截面 1 处的填土表面沉降位移表现出显著增加，而当第 1 次、第 3 次和第 5 次下调模型箱底板时（即将 4 号和 5 号模型箱底板下调 10mm、20mm 和 20mm），管道截面 1 处的填土表面沉降位移增加较小，这表明下调 3 号和 6 号模型箱底板对管道截面 1 处填土表面位移的影响较大。而管道截面 2 和 3 处的填土表面沉降位移增量随模型箱底板下调的变化则与管道截面 1 处相反。

图 3-23 是管道变形曲线体积随填土表面沉降槽体积的变化及线性拟合斜率随纵向弯曲刚度及侧向埋深的变化。从图 3-23（a）中可以看出，管道竖向变形曲线体积与填土表面沉降槽体积存在良好的线性关系。管道 P1、P2、P3 和 P4 的管道竖向变形曲线体积与填土表面沉降槽体积的线性拟合斜率分别为 3.1、

2.8、2.1 和 1.6。从图 3-23(b) 中可以看出,管道竖向变形曲线体积与填土表面沉降槽体积的线性拟合斜率随着管道纵向弯曲刚度的增加而减小,而随着管道埋深的增加而增大。

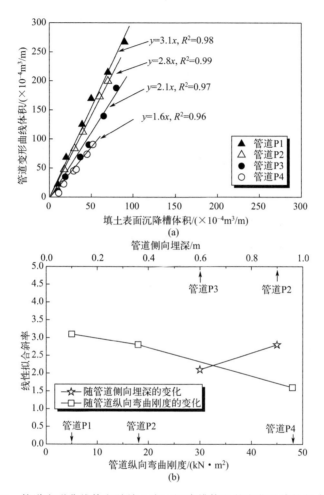

图 3-23　管道变形曲线体积随填土表面沉降槽体积的变化及线性拟合斜率随纵向弯曲刚度及侧向埋深的变化

3.3.4　土压力的变化

图 3-24 是管道 P1、P2、P3 和 P4 顶部土压力随模型箱底板下调的变化。从图中可以看出,随着模型箱底板的下调,管道 P1、P2、P3 和 P4 顶部土压力均呈现出逐渐增大的趋势。这是因为在模型箱底板下调阶段,由于试验管道对其上覆土体的沉降

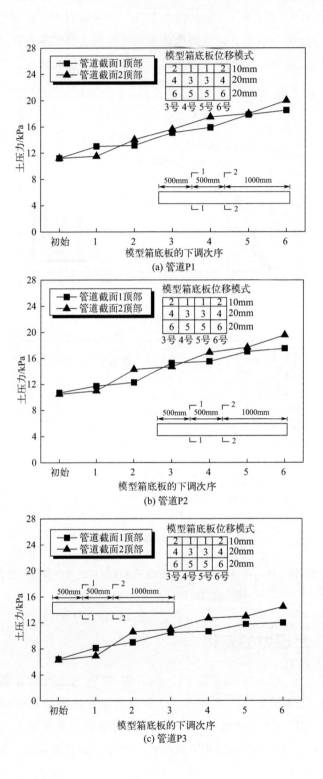

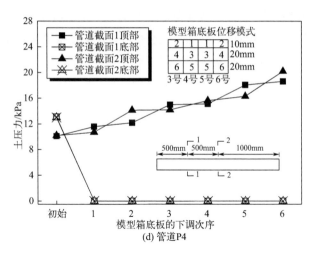

(d) 管道P4

图 3-24 管道顶部土压力随模型箱底板下调的变化

存在抑制作用，使管道周围土体的沉降量大于管道上方土体的沉降量，从而在管道上覆土体中引发了负土拱效应（即由于土体相邻区域的沉降较大，使土体相邻区域中的应力转移到土体中的现象），使管道顶部所受的土压力增大。

当第 1 次、第 3 次和第 5 次下调模型箱底板时（即将 4 号和 5 号模型箱底板下调 10mm、20mm 和 20mm），管道截面 1 顶部土压力的增量大于管道截面 2 顶部处；而当第 2 次、第 4 次和第 6 次下调模型箱底板时（即将 3 号和 6 号模型箱底板下调 10mm、20mm 和 20mm），管道截面 2 顶部土压力的增量大于管道截面 1 顶部处。这是因为管道截面 2 处于 4 号和 5 号模型箱底板的正上方，当下调 4 号和 5 号底板时，管道截面 2 顶部处的上覆土体沉降量比其邻近土体大 115%～175%，从而在管道截面 2 的上覆土体中引发了正土拱效应，其对上文中所论述的由于管道对于上覆土体沉降的抑制作用而引发的负土拱效应有抵消减弱的作用。当下调 3 号和 6 号底板时，管道截面 2 上覆邻近土体的沉降量比其上覆土体大 55%～83%，从而在其上方的土体中引发负土拱效应，使管道截面 2 顶部土压力增大。由于管道截面 1 位于 3 号模型箱底板的正上方，所以其管顶土压力的变化趋势与管道截面 2 处管顶土压力正好相反。这种现象称为"三向土拱效应"，即在管道的横截面方向和纵向均引发了土拱效应，使管道上覆荷载的变化更为复杂。对于管道上覆土体中的"三向土拱效应"，本章将在第 3.3.5 小节中进一步讨论。从图 3-24(d) 还可以看出,管道 P4 截面 1 和截面 2 底部土压力在模型箱底板下调时变为零,这表明试验管道与其底部土体出现了分离。

管道顶部的土拱率可以用式(3-8)计算:

$$\mathrm{VAF}=\frac{P}{\gamma H} \tag{3-8}$$

式中 VAF——管道顶部的土拱率;
P——管道顶部土压力,kPa;
γ——管道上覆土体重度,kN/m³;
H——管道顶部填土高度,m。

图 3-25(彩图见书后)为管道 P1、P2、P3 和 P4 顶部土拱率随管道变形曲线体积的变化。从图 3-25(a) 中可以看出,管道 P1、P2、P3 和 P4 顶部土拱率均大于 1.0,这表明模型箱底板的下调在试验管道顶部诱发了负土拱效应。从图 3-25(a) 中可以看出,在模型箱底板的下调过程中,管道 P4 顶部土拱率>管道 P2 顶部土拱率>管道 P1 顶部土拱率;而从图 3-25(b) 中可以看出,管道 P3 顶部土拱率>管道 P2 顶部土拱率。这表明管道顶部的负土拱效应随着管道弯曲刚度的增大而增大,而随着管道埋深的增大而减小。

Terzaghi[144] 基于二维土拱效应提出的土压力计算公式为:

$$P=\pm\frac{\gamma w}{2k\mu}(1-\mathrm{e}^{\mp\frac{2k\mu H}{w}}) \tag{3-9}$$

式中 w——土体沉降区域宽度,m;
γ——土体重度,kN/m³;
k——侧向土压力系数;
μ——摩擦系数;
H——管道顶部埋深,m。

将式(3-9)代入式(3-8)可以计算得到埋地管道顶部土拱率:

$$\mathrm{VAF}=\pm\frac{w}{2k\mu H}(1-\mathrm{e}^{\mp\frac{2k\mu H}{w}}) \tag{3-10}$$

图 3-26 是管道 P1、P2、P3 和 P4 顶部土拱率试验实测值与式(3-10)计算值的对比。

从图 3-26 中可以看出,当第 1 次模型箱底板下调时(即 4

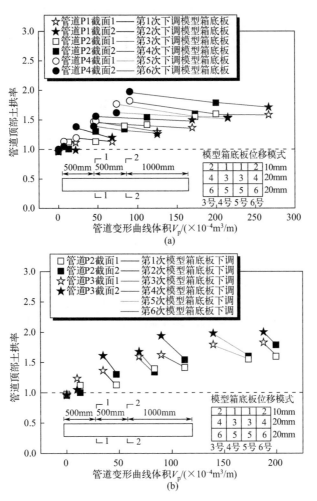

图 3-25 管道顶部土拱率随管道变形曲线体积的变化

号和 5 号模型箱底板下调 10mm），用式(3-10) 对管道截面 1 顶部土拱率的计算值大于实测值，这是因为虽然第一次下调 4 号和 5 号模型箱底板在管道截面 1 顶部处沿着管道的纵截面和横截面方向均诱发了负土拱效应，但是管道上覆土体在两个方向上的抗剪强度均没有得到完全激发。而对于式(3-10)，虽然其没有考虑在管道横截面方向上所引发的负土拱效应，但是其假定管道上覆土体在管道纵截面方向上的抗剪强度得到了完全激发。

从图 3-26 中还可以看出，随着模型箱底板的下调，用式(3-10) 计算得到的管道顶部土拱率逐渐小于模型试验实测值，这是因为管道上覆土体在管道横截面方向上的抗剪强度随着模型

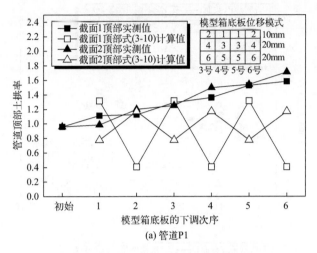

(a) 管道P1

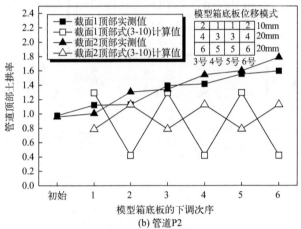

(b) 管道P2

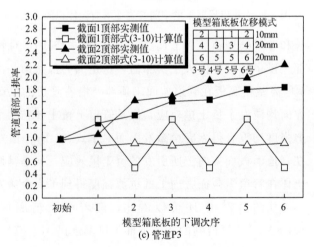

(c) 管道P3

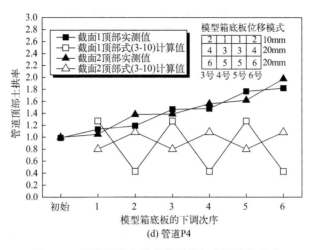

图 3-26 管道顶部土拱率计算值与实测值的对比

箱底板的下调而逐渐被激发出来,而式(3-10)无法考虑土体沉降过程中在管道横截面方向所引发的负土拱效应,从而低估了管道所受到的上覆土压力。这表明在地基局部不均匀沉降条件下,管道上覆荷载的变化规律需要考虑"三向土拱效应"的影响,即同时考虑管道纵截面方向和横截面方向的土拱效应,如图 3-27 所示。式(3-10)的计算参数取值见表 3-4。

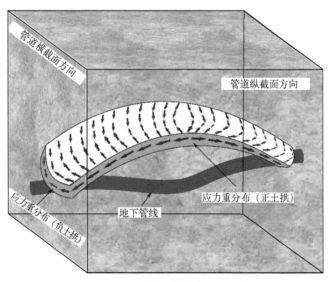

图 3-27 "三向土拱效应"示意图

表 3-4 式(3-10) 的计算参数取值

试验管道	H/m	γ/(kN/m^3)	$k\mu$	w/m
P1	0.8	14.6	0.165	0.5、0.1、0.5、0.1、0.5、0.1
P2	0.75	14.6	0.165	0.5、0.1、0.5、0.1、0.5、0.1
P3	0.45	14.6	0.165	0.5、0.1、0.5、0.1、0.5、0.1
P4	0.7	14.6	0.165	0.5、0.1、0.5、0.1、0.5、0.1

注：w 的 6 个值分别为第 1~6 次下调模型箱底板时的取值。

3.3.5 考虑"三向土拱效应"的管道上覆土压力计算方法

(1) 第 1 次模型箱底板下调时在管道横截面方向引发的土拱效应

将管道上方土体沿着管道横截面方向分为 3 个区域，如图 3-28 所示。当第 1 次下调模型箱底板时（下调 4 号和 5 号），管道截面 2 上覆土体（区域 B）受到相邻土体（区域 A 和 C）的向下剪应力作用（即负土拱效应）。在区域 B 中取微分体单元进行受力分析，如图 3-29 所示。根据微分体单元竖向受力平衡，可得：

$$V+\mathrm{d}V=V+\gamma D\mathrm{d}H+2k\mu\frac{V}{D}\mathrm{d}H \tag{3-11}$$

式中 V——管道的上覆土荷载，kN/m；

γ——土体重度，kN/m^3；

D——管道直径，m；

k——侧向土压力系数；

μ——摩擦系数；

H——管道顶部埋深，m。

微分方程式(3-11) 的通解为：

$$V=\frac{\gamma D^2}{2k\mu}+C\mathrm{e}^{\frac{2k\mu H}{D}} \tag{3-12}$$

式中 C——待求常数。

根据位移边界条件 $H=0$、$V=0$，可得：

$$V=\frac{\gamma D^2}{2k\mu}(\mathrm{e}^{\frac{2k\mu H}{D}}-1) \tag{3-13}$$

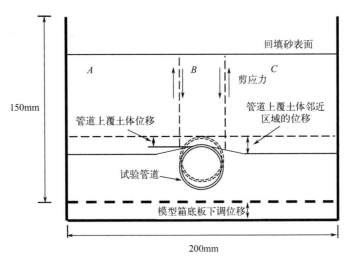

图 3-28 在管道横截面方向上诱发的土体不均匀沉降

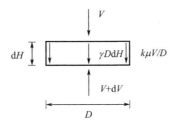

图 3-29 管道上方土体区域 B 中微分体单元的受力分析

(2) 第 1 次模型箱底板下调时管道纵截面方向的土拱效应

将管道上方土体沿着管道纵截面方向分为 3 个区域，如图 3-30 所示。当第 1 次下调模型箱底板时（下调 4 号和 5 号），管道上覆土体（区域 B'）受到相邻土体（区域 A' 和 C'）的向上剪应力作用，在区域 B' 中取微分单元体进行受力分析，如图 3-31 所示。现在引入新的参数 γ'，其表征第 1 次模型箱底板下调时在管道横截面方向发生应力重分布（即负土拱效应）之后，管道截面 2 上覆土体的重度为：

$$\gamma' = \frac{V}{HD} \tag{3-14}$$

根据微分体单元竖向受力平衡，可得：

$$V' + \mathrm{d}V' + 2k\mu \frac{V'}{L}\mathrm{d}H = V' + \gamma' L \mathrm{d}H \tag{3-15}$$

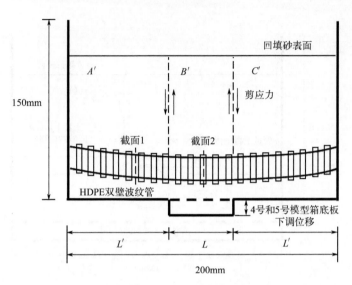

图 3-30　在管道纵截面方向上诱发的土体不均匀沉降

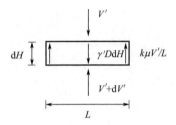

图 3-31　区域 B' 中微分体单元的受力分析

式中　V'——管道在区域 B' 宽度范围内的上覆土荷载，kN/m；

　　　L——区域 B' 的宽度，m。

微分方程式(3-15) 的通解为：

$$V'=\frac{\gamma' L^2}{2k\mu}+C'\mathrm{e}^{\frac{-2k\mu H}{L}} \tag{3-16}$$

式中　C'——待求常数。

根据位移边界条件 $H=0$、$V'=0$，可得：

$$V'=\frac{\gamma' L^2}{2k\mu}(1-\mathrm{e}^{\frac{-2k\mu H}{L}}) \tag{3-17}$$

管道截面 2 顶部土压力可以用式(3-18) 计算：

$$P_2=\frac{V'}{L} \tag{3-18}$$

式中　P_2——管道截面 2 顶部土压力，kN/m^2。

管道纵截面方向上土拱效应所引起的由区域 B' 转移到区域

A' 的土体荷载为：

$$V'' = \left(\frac{V}{D} - \frac{V'}{L}\right) \times \frac{L}{2} \qquad (3\text{-}19)$$

式中　V''——由区域 B' 转移到区域 A' 的土体荷载，kN/m。

管道截面 1 顶部土压力为：

$$P_1 = \gamma H + \frac{V''}{L'} \qquad (3\text{-}20)$$

式中　P_1——管道截面 1 顶部土压力，kN/m^2；

　　　L'——区域 A' 的宽度，m。

(3) 第 2 次模型箱底板下调时管道横截面方向的土拱效应

当第 2 次下调模型箱底板时（下调 3 号和 6 号），在管道横截面方向上诱发的土体不均匀沉降如图 3-28 所示。在区域 B 中取微分体单元进行受力分析，如图 3-32 所示。引入新的参数 γ_1 以表征管道截面 1 上覆土体在第 1 次下调模型箱底板（即在管道横截面方向和纵截面方向发生应力重分布）之后的重度：

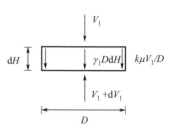

图 3-32　管道截面 1 顶部区域 B 中微分体单元的受力分析

$$\gamma_1 = \frac{P_1}{H} \qquad (3\text{-}21)$$

根据微分体单元竖向受力平衡，可得：

$$V_1 + \mathrm{d}V_1 = V_1 + \gamma_1 D\,\mathrm{d}H + 2k\mu \frac{V_1}{D}\mathrm{d}H \qquad (3\text{-}22)$$

式中　V_1——管道的上覆土荷载，kN/m。

微分方程式（3-22）的解为：

$$V_1 = \frac{\gamma_1 D^2}{2k\mu}\left(\mathrm{e}^{\frac{2k\mu H}{D}} - 1\right) \qquad (3\text{-}23)$$

(4) 第 2 次模型箱底板下调时管道纵截面方向的土拱效应

当第 2 次下调模型箱底板时（下调 3 号和 6 号），将管道上方土体沿着管道纵截面方向分为 5 个区域，如图 3-33 所示。管道上覆土体（区域 B''）受到相邻土体（区域 A'' 和 C）的向上剪应力作用，在区域 B'' 中取微分单元体进行受力分析，如图 3-34

所示。现在引入新的参数 γ'' 以表征管道上覆土体在第 2 次下调模型底板时管道横截面方向发生应力重分布之后的重度：

$$\gamma'' = \frac{V_1}{HD} \tag{3-24}$$

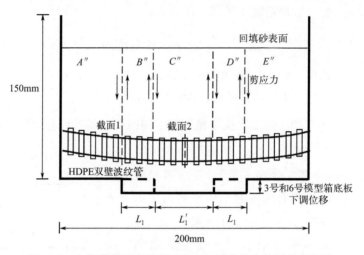

图 3-33　在管道截面 1 纵截面方向上诱发的土体不均匀沉降

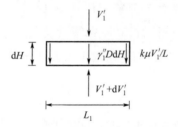

图 3-34　区域 B' 中微分体单元的受力分析

根据微分体单元竖向受力平衡，可得：

$$V_1' + dV_1' + 2k\mu \frac{V_1'}{L_1} dH = V_1' + \gamma'' L_1 dH \tag{3-25}$$

式中　V_1'——管道在区域 B'' 宽度范围内的上覆土荷载，kN/m；

　　　L_1——区域 B'' 的宽度，m。

微分方程式(3-25) 的解为：

$$V_1' = \frac{\gamma'' L_1^2}{2k\mu}(1 - e^{\frac{-2k\mu H}{L_1}}) \tag{3-26}$$

管道截面 1 顶部土压力为：

$$P_1' = \frac{V_1'}{L_1} \tag{3-27}$$

式中 P_1'——第 2 次下调模型底板时管道截面 1 顶部土压力，kN/m^2。

管道纵截面方向上土拱效应所引起的由区域 B'' 和 D'' 转移到区域 C'' 的土体荷载为：

$$V_1'' = \left(\frac{V_1}{D} - \frac{V_1'}{L}\right) \times L_1' \tag{3-28}$$

式中 V_1''——第 2 次下调模型底板时由区域 B'' 和 D'' 转移到区域 C'' 的土体荷载，kN/m。

管道截面 2 顶部土压力为：

$$P_2' = P_2 + \frac{V_1''}{L_1'} \tag{3-29}$$

式中 P_2'——第 2 次下调模型底板时管道截面 2 顶部土压力，kN/m^2；

L_1'——区域 C'' 的宽度，m。

对于第 3~6 次下调模型箱底板时，管道截面 1 和截面 2 的顶部土压力则可以通过重复式(3-11)～式(3-29)的运算得到。在本章此后的讨论中，将此方法称为"三向土拱土压力计算方法"，其算法流程图见附录 B。

3.3.6 "三向土拱土压力计算方法"计算值与试验实测值的对比

利用"三向土拱土压力计算方法"对管道截面 1 和截面 2 的顶部土压力和土拱率进行计算，并与模型箱试验实测值对比，见表 3-5。"三向土拱土压力计算方法"中的参数取值见表 3-6。

表 3-5 管道顶部土压力计算值和实测值对比

试验管道	管道截面 1					管道截面 2				
	土压力计算值/kPa	土压力实测值/kPa	土拱率计算值	土拱率实测值	相对误差(δ)/%	土压力计算值/kPa	土压力实测值/kPa	土拱率计算值	土拱率实测值	相对误差(δ)/%
第 1 次模型箱底板下调										
P1	13.5	13.0	1.16	1.11	3.7	18.9	11.5	1.62	0.98	64.0
P2	12.1	11.7	1.11	1.07	3.4	13.4	11.0	1.22	1.00	22.0

续表

试验管道	管道截面1					管道截面2				
	土压力计算值/kPa	土压力实测值/kPa	土拱率计算值	土拱率实测值	相对误差(δ)/%	土压力计算值/kPa	土压力实测值/kPa	土拱率计算值	土拱率实测值	相对误差(δ)/%
第1次模型箱底板下调										
P3	8.3	8.1	1.26	1.23	2.4	7.4	6.9	1.13	1.05	6.6
P4	11.9	11.5	1.16	1.13	3.7	11.1	10.7	1.09	1.05	3.5
第2次模型箱底板下调										
P1	17.3	13.1	1.48	1.12	31.6	24.2	14.0	2.07	1.20	72.6
P2	15.2	12.3	1.39	1.12	24.4	17.0	14.2	1.55	1.30	20.0
P3	9.1	8.9	1.39	1.35	2.4	12.4	10.5	1.89	1.60	18.4
P4	14.4	12.1	1.41	1.18	19.3	14.5	14.1	1.42	1.38	3.1
第3次模型箱底板下调										
P1	28.0	15.1	2.40	1.29	85.2	39.1	15.6	3.35	1.34	150.2
P2	18.7	15.2	1.71	1.39	22.6	20.7	14.6	1.89	1.33	40.8
P3	12.0	10.5	1.83	1.60	14.7	12.5	11.0	1.90	1.67	14.0
P4	15.1	15.0	1.48	1.47	0.5	14.8	14.2	1.45	1.39	4.5
第4次模型箱底板下调										
P1	35.9	15.9	3.07	1.36	125.6	50.2	17.5	4.30	1.50	187.0
P2	18.5	15.5	1.69	1.42	19.1	26.0	16.8	2.37	1.53	53.8
P3	12.5	10.6	1.90	1.61	18.1	14.5	12.7	2.21	1.93	14.4
P4	17.0	15.1	1.66	1.48	12.8	18.4	15.6	1.80	1.53	17.4
第5次模型箱底板下调										
P1	88.9	17.8	7.61	1.52	397.5	81.1	18.2	6.94	1.56	350.5
P2	34.7	17.0	3.17	1.55	104.0	31.8	17.6	2.90	1.61	80.4
P3	12.8	11.7	1.95	1.78	8.9	13.9	13.1	2.12	1.99	6.2
P4	21.5	18.1	2.10	1.77	19.2	19.9	16.3	1.95	1.59	22.0
第6次模型箱底板下调										
P1	114.0	18.5	9.76	1.58	516.5	116.4	20.0	9.97	1.71	482.0
P2	34.2	17.5	3.12	1.60	95.5	41.7	19.5	3.81	1.78	113.1
P3	12.5	12.0	1.90	1.83	4.3	14.6	14.4	2.22	2.19	1.6
P4	19.0	18.6	1.86	1.82	2.2	24.9	20.2	2.44	1.98	23.6

表 3-6 "三向土拱土压力计算方法"的参数取值

管道	D/m	h/m	$k\mu$[26]	γ/(kN/m³)
P1	0.2	0.80	0.165	14.6
P2	0.3	0.75	0.165	14.6
P3	0.3	0.45	0.165	14.6
P4	0.4	0.70	0.165	14.6

从表 3-5 中可以看出，"三向土拱土压力计算方法"计算值均大于模型试验实测值，这是因为在"三向土拱土压力计算方法"中，假定管道上方不同区域土体滑动接触面上的剪应力完全被激发（即等于土体抗剪强度）。从表 3-5 中还可以看出，"三向土拱土压力计算方法"对试验管道顶部土压力计算的相对误差 (δ) 有以下关系：

① 管道 P4 (δ_{P4}) ＜管道 P2 (δ_{P2}) ＜管道 P1 (δ_{P1})；

② 管道 P3 (δ_{P3}) ＜管道 P2 (δ_{P2})。

这表明管道弯曲刚度越大、埋深越小，利用"三向土拱土压力计算方法"计算得到的管道顶部土压力越接近于试验实测值。这是因为当管道地基土体发生不均匀沉降时，管道弯曲刚度越大、埋深越小，管道上方不同区域土体的不均匀沉降量越大，则管道上方土体滑动面上被激发的剪应力越接近于土体的抗剪强度。从表 3-5 中还可以看出，对于管道 P1 和 P2 顶部土压力的计算，"三向土拱土压力计算方法"的计算误差随着模型箱底板下调次数的增加而逐渐增大，这是因为管道 P1 和 P2 上方不同区域土体滑动接触面上的剪应力在模型箱底板的下调过程中未被完全激发，使"三向土拱土压力计算方法"的计算误差累积所导致。而对于管道 P3 和 P4，由于其较小的埋深（管道 P3）和较大的弯曲刚度（管道 P4），在模型箱底板下调过程中，其上方土体滑动面上被激发的剪应力接近于土体的抗剪强度，所以"三向土拱土压力计算方法"的计算误差均小于 20%。

图 3-35 为管道 P1、P2、P3 和 P4 截面 2 顶部土压力实测值与"三向土拱土压力计算方法"计算值和式(3-9)（即二维土拱理论）计算值的对比。

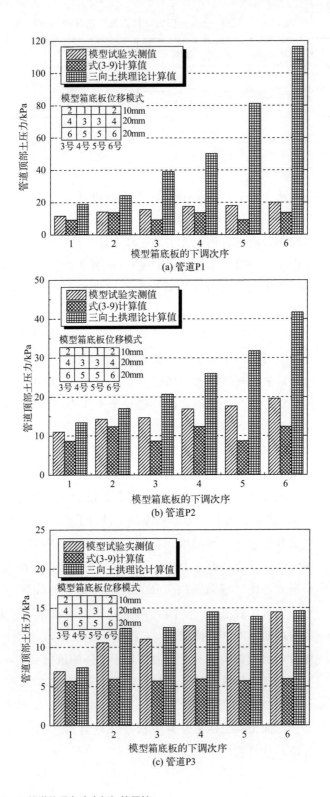

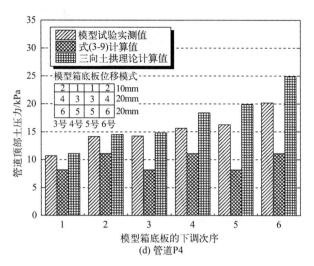

图 3-35 管道截面 2 顶部土压力实测值与计算值的对比

从图 3-35 中可以看出，在模型箱底板下调过程中，利用"三向土拱土压力计算方法"计算得到的管道顶部土压力＞模型试验实测值＞式(3-9)计算值。"三向土拱土压力计算方法"具有以下优点：

① 可以同时考虑地基土体不均匀沉降在管道横截面方向和纵截面方向所诱发土拱效应对管道上覆土压力的影响。

② 相较于式(3-9)，可以为埋地管道在地基不均匀沉降下上覆土压力的计算提供一种偏于安全保守的理论计算方法。

同时，其还存在着以下不足：

① 尚存在着诸多的假定条件（详见附录 C），使其计算结果与模型试验实测值存在一定的误差。

② 基于埋地 HDPE 管道的模型试验提出，仅适用于埋地柔性管道在地基不均匀沉降下上覆土压力的计算。

3.4 本章小结

本章通过室内模型试验，研究了埋地 HDPE 管道在地基发生局部不均匀沉降下的受力变形，分析了管道上覆填土的沉降分布特征，考察了管道变形与填土表面沉降之间的关系。重点对比分析了管道在地基不均匀沉降下上覆土压力的变化，揭示了在地基不均匀沉降下的管土相互作用机理。通过对试验结果的分析，主要得到以下结论：

① 土体沉降槽宽度系数随着沉降槽深度的增加而逐渐减小，而土体的最大沉降量和土体沉降槽体积随着沉降槽深度的增加而逐渐增大。管道变形曲线的宽度系数随着管道纵向弯曲刚度的增加而增大，而随着管道埋深的增加而减小。管道的最大变形量和管道变形曲线体积随着管道纵向弯曲刚度的增加而减小，而随着管道埋深的增加而增大。

② 管道竖向变形曲线体积与填土表面沉降槽体积存在着良好的线性关系。管道竖向变形曲线体积与填土表面沉降槽体积的线性拟合斜率随着管道纵向弯曲刚度的增加而减小，而随着管道埋深的增加而增大。

③ 管道在地基不均匀沉降下的上覆土压力是在管道横截面方向和纵截面方向上所引发土拱效应相互叠加作用的结果，此现象被称为"三向土拱效应"。基于"三向土拱效应"，提出了"三向土拱土压力计算方法"对管道在地基不均匀沉降下的上覆土压力进行计算。通过将管道上覆土压力的"三向土拱土压力计算方法"计算值与模型试验实测值进行对比，表明"三向土拱土压力计算方法"是一种偏于安全保守的计算方法。

第4章 土工合成材料对埋地HDPE管道在地基局部不均匀沉降下的加筋保护

4.1 概述

土工合成材料由于其重量轻、整体连续性好、施工方便等特点，已经被广泛应用于道路路基的加筋铺设中。近年来，国内外学者将土工合成材料作为一种埋地管道的加筋保护材料铺设于管道周围的土体中，以减少诸如交通荷载、施工穿刺荷载等不利因素对埋地管道的影响。Bueno 等[106]指出将土工合成材料铺设于管道顶部可以有效减小埋地管道的上覆土压力。Corey 等[107]研究了土工合成材料在钢肋加劲 HDPE 管道周围的加筋铺设，指出在管道上部放置土工格栅能够有效地降低管道在地面荷载作用下的竖向变形。Palmeira 等[109]研究了土工合成材料对埋地管道在施工穿刺荷载作用下的加筋保护，指出土工布对埋地管道的防护作用优于土工格栅。然而对将土工合成材料在埋地管道周围进行加筋铺设，以减小管道在地基局部不均匀沉降下挠曲变形的研究较少。本章通过室内模型试验，研究土工合成材料对埋地 HDPE 管道在地基局部不均匀沉降下的加筋保护，考察土工合成材料种类及其加筋位置对管道受力变形的影响。在模型试验的基础上，进一步通过数值模拟，对土工布拉伸刚度、加筋位置以及加筋层数进行参数敏感性分析，明确土工合成材料在埋地管道周围的加筋铺设方法。

4.2 模型试验材料及方案

4.2.1 试验材料

本章模型试验所采用的模型试验箱同第 3 章中的介绍（见第 3.2.1 小节）。试验管道为直径 200mm 的 HDPE 双壁波纹管道，其基本参数见表 4-1。

表 4-1 试验管道的基本参数

管道公称内径/mm	长度/m	层压壁厚/mm	内层壁厚/mm	波峰高度/mm	波纹长度/mm	弯曲刚度/(kN·m²/m)
200	2	1.7	1.2	10	30	5

在模型试验中，分别选用有纺土工布和双向土工格栅在管道周围进行加筋铺设，其中，有纺土工布的拉伸强度和拉伸刚度分别为 48kN/m 和 300kN/m，其极限拉伸应变为 16%。双向土工格栅的拉伸强度和拉伸刚度分别为 50kN/m 和 1700kN/m，其极限拉伸应变为 3%。

4.2.2 试验方案

本章采用 4 组模型试验进行研究，具体工况见表 4-2。试验管道、土工合成材料、土压力盒以及沉降板在模型试验箱中的布置如图 4-1～图 4-3 所示。试验采用应变片的型号为 BHF350-6AA，电阻为 120Ω，灵敏系数为 2.12×(1±0.5)%，栅长×栅宽为 6mm×4mm。沉降板和土压力盒均同第 3 章中的介绍（见第 3.2.3 小节）。管道周围砂土采用砂雨法进行填筑，填筑密度为 1.46g/cm³。沿管道环向分别在波纹管壁的波峰和波谷位置处粘贴应变片，相邻应变片的环向间隔为 45°，如图 4-4 所示。试验中模型箱底板位移下调模式如图 4-5 所示。

表 4-2　模型试验工况

试验工况	试验管道	公称内径/mm	管道侧向埋深/m	加筋材料	加筋位置
工况 1	P1	200	0.85	—	—
工况 2	P2	200	0.85	土工布	管道底部
工况 3	P3	200	0.85	土工格栅	管道底部
工况 4	P4	200	0.85	土工布	管道顶部

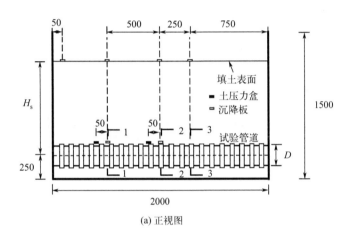

(a) 正视图

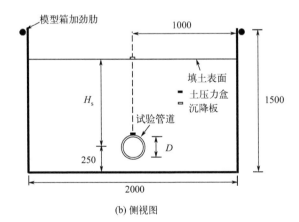

(b) 侧视图

图 4-1　工况 1 模型试验布置示意图（单位：mm）

H_s—管侧填土高度；D—管道直径

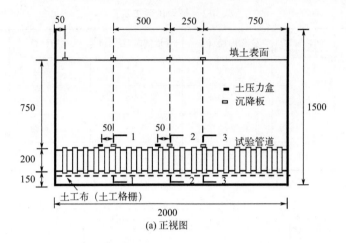

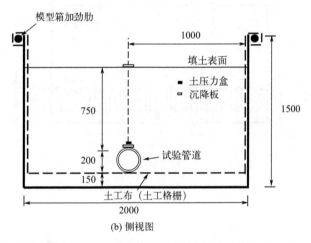

图 4-2 工况 2 和工况 3 模型试验布置示意图（单位：mm）

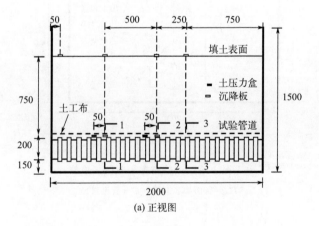

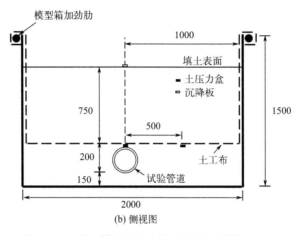

图 4-3 工况 4 模型试验布置示意图（单位：mm）

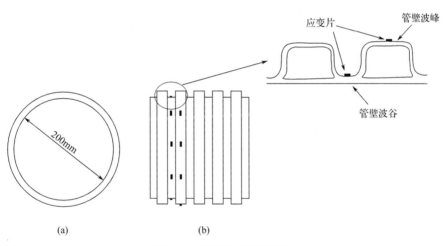

图 4-4 应变片布置示意图

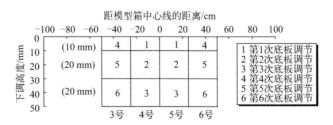

图 4-5 模型箱底板位移调节模式

第 4 章 土工合成材料对埋地 HDPE 管道在地基局部不均匀沉降下的加筋保护

4.3 数值模拟

4.3.1 数值模型的建立

利用有限元分析软件 ABAQUS，对地基发生局部不均匀沉降时土工合成材料在埋地 HDPE 管道周围的加筋铺设进行数值模拟研究。为了提高有限元模型的计算效率，根据模型的几何对称性，采用"1/2 模型"进行计算。以"模型试验工况 2"为例，其数值模型的尺寸和网格划分情况如图 4-6 所示（彩图见书后）。

在数值模型中，对管道周围土体采用莫尔-库仑模型进行模拟，而对于 HDPE 双壁波纹管道则需要基于"等效纵向抗弯刚度"将其转换为平壁管道进行计算。在模型试验中，HDPE 双壁波纹管道的直径为 200mm，其纵向弯曲刚度为 5kN·m²/m（见表 4-1），而对于具有相同纵向弯曲刚度的平壁管道，当直径为 200mm 时，其管壁厚度仅为 3mm，即管道径厚比约为 67，已经远远超出了我国相关规范[145]对平壁管道径厚比的规定值（径厚比≤17）。在数值模型中，如果选取的管道直径过小，则会对地基不均匀沉降在管道横截面方向上诱发"负土拱效应"的模拟产生较大的影响。综合考虑两方面的影响，在本章的数值建模中，选取管道直径为 150mm、管壁厚度为 9mm 的平壁管道（即管道的径厚比为 16.7）对模型试验中的双壁波纹管道进行模拟。Chua[135]提出了 HDPE 管道材料弹性模量（E_p）随加载时间变化的计算公式：

$$E_p(t) = 52.6 + 460t^{-0.097786} \qquad (4-1)$$

式中 t——加载时间，h。

由于 1 组模型试验的持续时间为 1h，根据式(4-1)，在数值模型中将 HDPE 管道的弹性模量取为 513MPa。在数值模型中，对管道及其周围土体的模拟采用"二十节点六面体二次减缩积分单元（C3D20R）"，而对土工布的模拟，则采用"八节点六面体线性减缩积分单元（M3D8R）"，其为 ABAQUS 有限元软件专

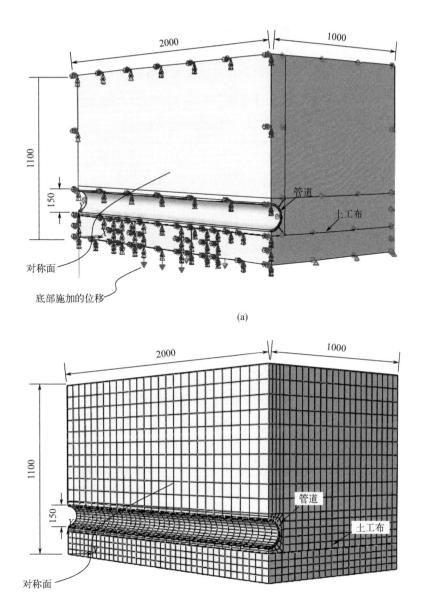

图 4-6 数值模型（单位：mm）

门为模拟土工织物提供的计算单元。数值模型中的具体参数取值见表 4-3。对于管土接触面以及土和土工布接触面上的法向作用，采用"硬接触"进行模拟，即接触面之间能够传递的法向压力大小不受限制，当接触压力变为零时，两个物体在接触面处发生分离。对于切向作用，采用"库仑摩擦"进行模拟，即使用摩擦系数来表征接触面的摩擦特性。在数值模型中,将管土接触面以及土和土工布接触面的摩擦系数分别取值为 0.6 和 0.67[146]。在数值模型的底部按照"模型箱底板位移调节模式"(图 4-5)施加向下的竖向位移边界条件,从而模拟地基土体的不均匀沉降变形。

表 4-3 数值模型计算参数

项目	管道	土体	土工布
弹性模量/MPa	513.0	2.6	300.0
泊松比	0.46	0.30	0.45
密度/(g/cm^3)	0.95	14.60	0.40
内摩擦角/(°)	—	31	—
黏聚力/kPa	—	1.0	—
土工布厚度/mm	—	—	1.0

4.3.2 数值建模的参数敏感性分析

我国规范(GB/T 17638—2017)[147]规定,无纺土工布的拉伸强度为 2.5~25kN/m,极限拉伸应变为 25%~100%,其拉伸刚度(即拉伸强度/极限拉伸应变)≥2.5kN/m。在我国规范(JT/T 514—2004)[148]中,有纺土工布的拉伸强度为 35~250kN/m,极限拉伸应变≤30%,其拉伸刚度(即拉伸强度/极限拉伸应变)≥117kN/m。在本节的参数敏感性分析中,将土工布的厚度取为 1mm,弹性模量取为 2.5~500MPa,其拉伸刚度(即土工布弹性模量×厚度)为 2.5~500kN/m。

我国规范[147,148]规定,无纺土工布的单位面积质量为 100~800g/m^2,由其厚度为 0.9~5mm,可得其单位体积质量为 0.11~0.16g/cm^3。有纺土工布的单位面积质量为 180~750g/m^2,由其厚度为 0.5~1.2mm,可得其单位体积质量为 0.36~0.62g/cm^3。在本节的数值建模中,将土工布密度分别取值为 0.11g/cm^3 和 0.62g/cm^3 进行参数敏感性分析。

在我国地下排水管道工程中,直径为 200~600mm 的 HDPE 双壁波纹管道应用最为广泛[130,131],其纵向弯曲刚度的取值范围为 5~154kN·m^2/m。在本节的参数敏感性分析中,将管道的纵向弯曲刚度分别取值为 5kN·m^2/m 和 154kN·m^2/m

以对管道的纵向弯曲性能进行研究,并将管道顶部埋深取值为0.7m[即我国规范(GB 50015—2019)[149]中规定的埋地管道最小覆土厚度]。将土工布的宽度分别取值为管道直径的1~7倍,以研究其加筋宽度对管道挠曲变形的影响。为了提高计算效率,仅对4号和5号模型箱底板的下调进行数值模拟分析,并将在模型底部施加的竖向位移分别取值为10mm、30mm、50mm、70mm和90mm。数值模拟工况见表4-4。

表4-4 数值模拟工况

数值模拟工况	管道弯曲刚度/(kN·m²/m)	加筋位置	加筋层数	土工布宽度/管道直径	土工布拉伸刚度/(kN/m)	土工布密度/(g/cm³)
1	5	管道底部	单层	7	2.5	0.62
2	5	管道底部	单层	7	50	0.62
3	5	管道底部	单层	7	100	0.62
4	5	管道底部	单层	7	150	0.62
5	5	管道底部	单层	7	200	0.62
6	5	管道底部	单层	7	250	0.62
7	5	管道底部	单层	7	300	0.62
8	5	管道底部	单层	7	350	0.62
9	5	管道底部	单层	7	400	0.62
10	5	管道底部	单层	7	450	0.62
11	5	管道底部	单层	7	500	0.62
12	5	管道底部	单层	7	200	0.11
13	5	距管道底部0.2m处	单层	7	200	0.62
14	5	距管道底部0.4m处	单层	7	200	0.62
15	5	管道底部和距管道底部0.2m处	双层	7	200	0.62
16	5	管道底部和距管道底部0.2m、0.4m处	三层	7	200	0.62
17	5	管道底部	单层	6	200	0.62
18	5	管道底部	单层	5	200	0.62
19	5	管道底部	单层	4	200	0.62
20	5	管道底部	单层	3	200	0.62
21	5	管道底部	单层	2	200	0.62
22	5	管道底部	单层	1	200	0.62
23	154	管道底部	单层	7	2.5	0.62

续表

数值模拟工况	管道弯曲刚度/(kN·m²/m)	加筋位置	加筋层数	土工布宽度/管道直径	土工布拉伸刚度/(kN/m)	土工布密度/(g/cm³)
24	154	管道底部	单层	7	50	0.62
25	154	管道底部	单层	7	100	0.62
26	154	管道底部	单层	7	150	0.62
27	154	管道底部	单层	7	200	0.62
28	154	管道底部	单层	7	250	0.62
29	154	管道底部	单层	7	300	0.62
30	154	管道底部	单层	7	350	0.62
31	154	管道底部	单层	7	400	0.62
32	154	管道底部	单层	7	450	0.62
33	154	管道底部	单层	7	500	0.62
34	154	管道底部	单层	7	200	0.11
35	154	距管道底部0.2m处	单层	7	200	0.62
36	154	距管道底部0.4m处	单层	7	200	0.62
37	154	管道底部和距管道底部0.2m处	双层	7	200	0.62
38	154	管道底部和距管道底部0.2m、0.4m处	三层	7	200	0.62
39	154	管道底部	单层	6	200	0.62
40	154	管道底部	单层	5	200	0.62
41	154	管道底部	单层	4	200	0.62
42	154	管道底部	单层	3	200	0.62
43	154	管道底部	单层	2	200	0.62
44	154	管道底部	单层	1	200	0.62

4.4 模型试验结果及分析

4.4.1 试验管道的竖向变形

图4-7为管道P1、P2、P3和P4竖向挠曲变形在下调模型箱底板时的变化。从图中可以看出，管道P2和管道P3的竖向

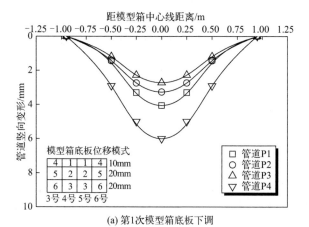

(a) 第1次模型箱底板下调

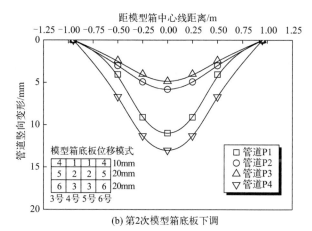

(b) 第2次模型箱底板下调

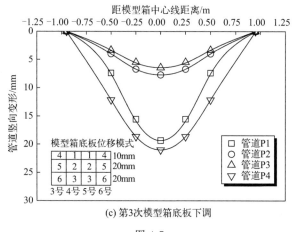

(c) 第3次模型箱底板下调

图 4-7

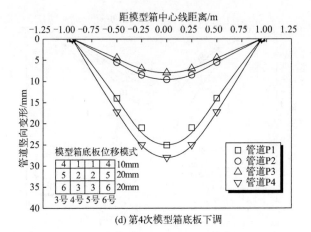

(d) 第4次模型箱底板下调

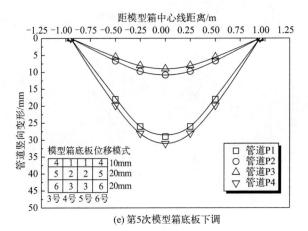

(e) 第5次模型箱底板下调

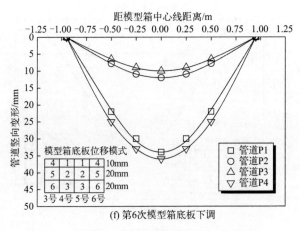

(f) 第6次模型箱底板下调

图 4-7 管道竖向变形随模型箱底板下调的变化

变形小于管道 P1 的竖向变形。例如，当第 6 次下调模型箱底板时，管道 P2 和管道 P3 在其截面 2 处的竖向变形分别为 12mm 和 10mm，其比管道 P1 在其截面 2 处的竖向变形小 65% 和 71%，这表明在管道底部铺设土工布和土工格栅均可以减小管道在模型箱底板下调过程中的竖向变形。从图中还可以看出，管道 P4 的竖向变形比管道 P1 大 6%～10%，这表明在管道上方铺设土工布不但不能够减小管道的竖向变形，反而会使其增大。

4.4.2 填土表面的沉降位移

图 4-8 为管道 P1、P2、P3 和 P4 填土表面沉降位移随模型箱底板下调的变化。

从 4-8 图中可以看出，管道 P1 的填土表面沉降位移大于管道 P2 的填土表面沉降位移。例如，当第 6 次模型箱底板下调时，管道 P1 截面 2 上覆填土表面沉降位移（21mm）是管道 P2 截面 2 处填土表面沉降位移（8.4mm）的 2.5 倍。这是因为在管道 P2 底部铺设的土工布有效地减小了其填土表面的沉降位移。管道 P3 的填土表面沉降位移大于管道 P2 的填土表面沉降位移，这是因为砂土颗粒可以穿过土工格栅表面的开口［33mm（长）×25mm（宽）］，所以在管道 P3 底部铺设的土工格栅不能够有效减小管道填土表面的沉降位移。管道 P4 的填土表面沉降位移小于管道 P1 的填土表面沉降位移。例如，当第 6 次模型箱底板下调时，管道 P4 截面 2 填土表面沉降位移为 14mm，比管道 P1 截面 2 处填土表面沉降位移（21mm）小 33%，这是因为在管道 P4 顶部铺设的土工布有效地减小了其填土表面的沉降位移。

从图 4-8 中还可以看出，当第 4 次、第 5 次和第 6 次下调模型箱底板时（即将 3 号和 6 号模型箱底板下调 10mm、20mm 和 20mm），管道截面 1 处的填土表面沉降位移呈现出显著增加，而当第 1 次、第 2 次和第 3 次下调模型箱底板时（即将 4 号和 5 号模型箱底板下调 10mm、20mm 和 20mm），管道截面 1 处填土表面沉降位移的增加量较小，这表明下调 3 号和 6 号模型箱底板对管道截面 1 处填土表面沉降位移的影响较大。而管道截面 2 和 3 处填土表面沉降位移增量随模型箱底板下调的变化则与管道截面 1 处相反。

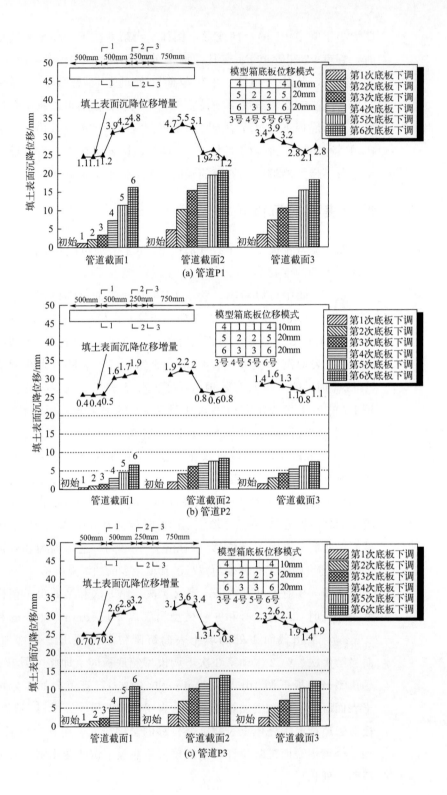

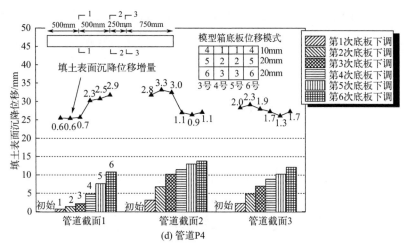

(d) 管道P4

图 4-8 填土表面沉降位移随模型箱底板下调的变化

初始时沉降位移均记为 0mm

4.4.3 土压力的变化

图 4-9 为管道 P1、P2 和 P3 顶部土压力随模型箱底板下调的变化。

从图 4-9 中可以看出，管道 P1、P2 和 P3 顶部土压力随着模型箱底板的下调均呈现出逐渐增大的趋势。这是因为在模型箱底板下调阶段，由于试验管道对其上覆土体沉降的抑制作用，使得管道周围土体的沉降量大于管道上方土体的沉降量，从而在管道上覆土体中引发了负土拱效应。从图中还可以看出，管道 P2 顶部土压力比管道 P1 顶部土压力小 5%～34%，表明在管道 P2 底部铺设的土工布有效地减小了管道顶部的土压力。这是因为土工布的铺设有效地减小了管道上覆土体的不均匀沉降，进而使在模型箱底板下调过程中管道顶部的负土拱效应减弱。管道 P3 顶部土压力与管道 P1 顶部土压力相差较小，这是因为砂土颗粒可以穿过土工格栅表面的开口，进而在管道底部铺设土工格栅不能够有效地减小管道上覆土体的不均匀沉降。

从图 4-9 中还可以看出，当第 1 次、第 2 次和第 3 次下调模型箱底板时（即将 4 号和 5 号模型箱底板下调 10mm、20mm 和 20mm），管道截面 1 顶部土压力增加较为显著；而当第 4 次、第 5 次和第 6 次下调模型箱底板时（即将 3 号和 6 号模型箱底板下调 10mm、20mm 和 20mm），管道截面 2 顶部土压力增加较为显著。这是因为当下调 4 号和 5 号模型箱底板时，管道截面 1 填土表面的沉降位移增加量小于管道截面 2 处（见图 4-8），从而在管道截面 1 顶部引发了负土拱效应；而当下调 3 号和 6 号模型箱底板时，管道截面 2 填土表面的沉降位移增加量小于管道截面 1 处（见图 4-8），从而在管道截面 2 顶部处引发了负土拱效应。

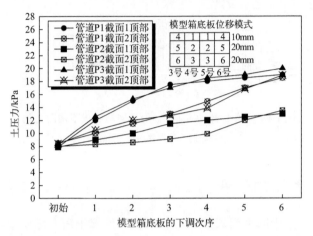

图 4-9 管道 P1、P2 和 P3 顶部土压力随模型箱底板下调的变化

图 4-10 为管道 P1 和 P4 顶部土压力以及管道 P4 侧向 0.5m 处土压力随模型箱底板下调的变化。

从图 4-10 中可以看出，当第 1 次、第 2 次和第 3 次下调模型箱底板时（即将 4 号和 5 号模型箱底板下调 10mm、20mm 和 20mm），管道 P4 截面 1 侧向 0.5m 处土压力随着模型箱底板的下调而逐渐减小；当第 4 次、第 5 次和第 6 次下调模型箱底板时（即将 3 号和 6 号模型箱底板下调 10mm、20mm 和 20mm），管道 P4 截面 1 侧向 0.5m 处土压力变为零，而管道 P4 截面 2 侧向 0.5m 处土压力在第 1 次模型箱底板下调时即减小为零。这表明在管道 P4 顶部铺设土工布在模型箱底板下调过程中与管侧土体发生了分离，如图 4-11 所示。

从图 4-10 中还可以看出，管道 P4 截面 1 和截面 2 顶部土压力均大于管道 P1 顶部土压力，表明在管道 P4 顶部铺设土工布增大了其顶部土压力。这是因为铺设在管道 P4 顶部的土工布在管道侧向位置处（即图 4-11 中的区域 A 和区域 C）与土体发生了分离，进而使得管道 P4 承担了区域 A 和区域 C 中的部分土体重量。

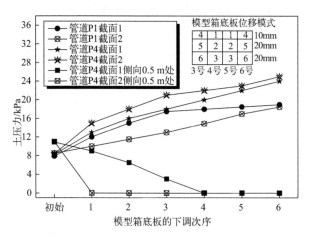

图 4-10　管道 P1 和 P4 顶部土压力以及管道 P4 侧向 0.5m 处土压力随模型箱底板下调的变化

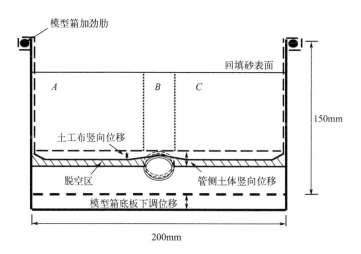

图 4-11　土工布与管侧土体在模型箱底板下调过程中发生分离

4.4.4　管道环向应变的变化

管道环向压应变可以用式(4-2) 计算：

$$\varepsilon_h = \frac{\varepsilon_{cr} + \varepsilon_v}{2} \tag{4-2}$$

式中　ε_h——管道环向压应变；

　　　ε_{cr}——管壁波峰处的环向应变；

　　　ε_v——管壁波谷处的环向应变。

图 4-12 为管道 P1、P2、P3 和 P4 环向压应变随模型箱底板下调的变化。从图中可以看出，管道 P4 的环向压应变＞管道 P1 的环向压应变＞管道 P3 的环向压应变＞管道 P2 的环向压应变。

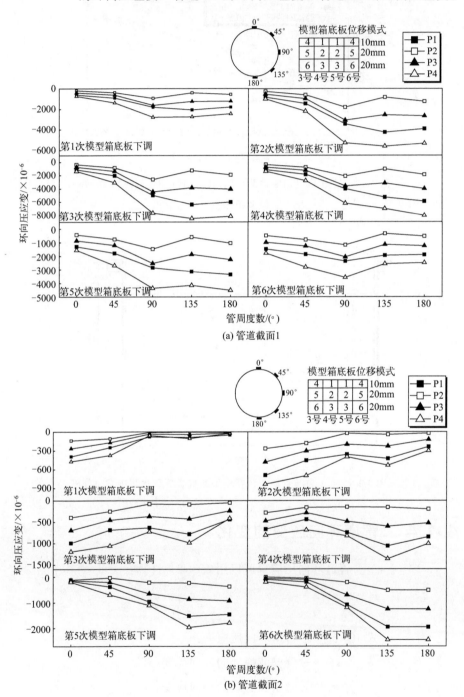

(a) 管道截面1

(b) 管道截面2

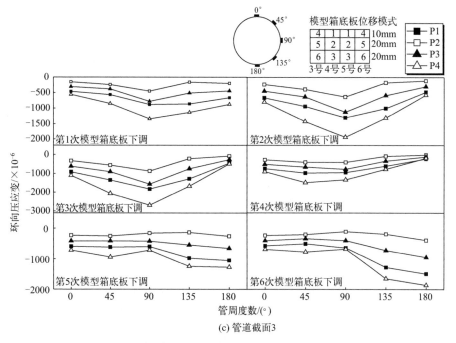

(c) 管道截面3

图 4-12 管道环向压应变随模型箱底板下调的变化

例如，当第 6 次模型箱底板下调时，管道 P4 底部的环向压应变为 2452×10^{-6}，其分别比管道 P1、P2 和 P3 底部的环向压应变（1949×10^{-6}、526×10^{-6} 和 1255×10^{-6}）大 26%、366% 和 95%。

管道环向弯曲应变可以用式（4-3）计算：

$$\varepsilon_b^h = \frac{\varepsilon_{cr} - \varepsilon_v}{2} \tag{4-3}$$

式中 ε_b^h ——管道环向弯曲应变。

图 4-13 为管道 P1、P2、P3 和 P4 环向弯曲应变随模型箱底板下调的变化。从图中可以看出，管道 P4 的环向弯曲应变＞管道 P1 的环向弯曲应变＞管道 P3 的环向弯曲应变＞管道 P2 的环向弯曲应变。这表明在管道 P2 底部铺设的土工布和在管道 P3 底部铺设的土工格栅均可以减小管道在模型箱底板下调过程中的环向变形，而在管道 P4 顶部铺设土工布加大了管道的环向变形。管道 P2 的环向压应变和环向弯曲应变分别比管道 P3 小 21%～58% 和 15%～80%，这表明在管道 P2 底部铺设土工布的加筋保护效果要优于在管道 P3 底部铺设土工格栅。

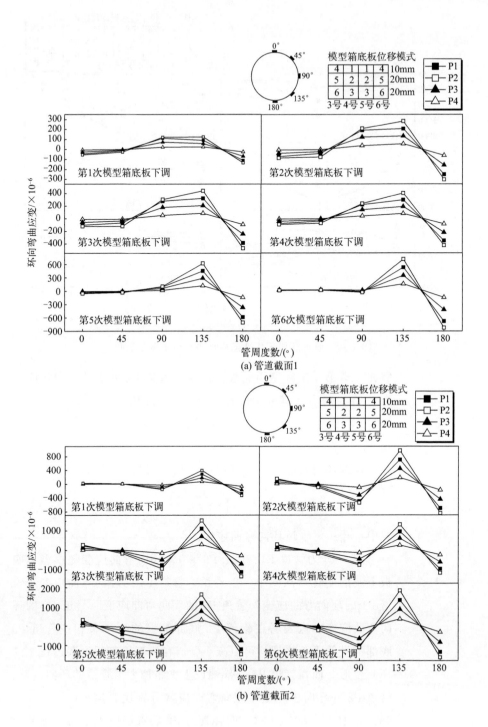

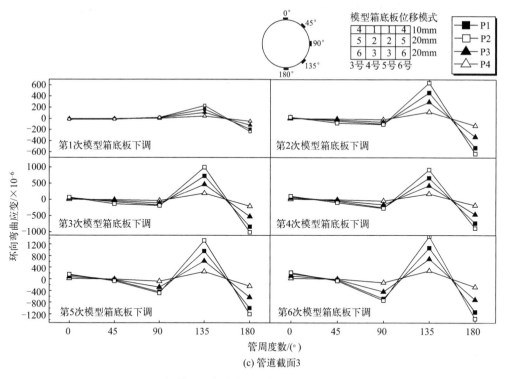

图 4-13 管道环向弯曲应变随模型箱底板下调的变化

4.5 数值模拟结果及分析

4.5.1 数值模型的验证

图 4-14 为"模型试验工况 2"中管道竖向挠曲变形的数值计算结果与试验实测值的对比。从图中可以看出，在模型箱底板的下调过程中，管道竖向挠曲变形的数值计算结果与模型试验实测值的误差为 5%～9%。这表明本章所建立的有限元数值分析模型可以比较准确地反映出 HDPE 管道在地基发生不均匀沉降条件下的竖向挠曲变形。

"模型试验工况 2"中管道顶部土压力实测值与数值模拟结果的对比见表 4-5。从表中可以看出，管道顶部土压力的数值计算结果与模型试验实测值的相对误差为 11.2%~43.8%。这是因为：

① 在有限元模型中，将管道周围土体视为"连续体"，不能够考虑土体颗粒在不均匀沉降过程中发生的"相对错动"，进而无法准确地模拟出地基不均匀沉降在管道上覆土体中所诱发的"三向土拱效应"。

② 数值模型中所采用的平壁管道直径为 150mm，其小于模型试验中的 HDPE 双壁波纹管道直径（200mm），使对地基不均匀沉降在管道横截面方向上诱发"负土拱效应"的模拟产生了一定的影响。在数值模型中，由于采用平壁管道对双壁波纹管道进行模拟分析，所以无法考虑"双壁波纹管壁"对管道应变的影响。

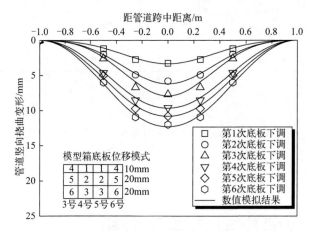

图 4-14 管道竖向挠曲变形实测值和数值模拟结果的对比

表 4-5 管道顶部土压力实测值和数值模拟结果的对比

项目	管道截面 1			管道截面 2		
	试验实测值/kPa	数值模拟结果/kPa	相对误差/%	试验实测值/kPa	数值模拟结果/kPa	相对误差/%
第 1 次底板下调	7.9	6.4	23.4	8.0	8.9	11.2
第 2 次底板下调	9.0	7.0	28.6	8.3	9.8	18.0
第 3 次底板下调	10.0	7.4	35.1	8.6	10.3	19.8
第 4 次底板下调	11.5	8.0	43.8	9.1	11.3	24.2
第 5 次底板下调	12.0	8.4	42.9	9.9	11.8	19.2
第 6 次底板下调	12.5	10.5	19.0	12.0	14.7	22.5

4.5.2 管道竖向挠曲变形

图 4-15 和图 4-16 分别为模型底部施加竖向位移为 90mm 时，纵向弯曲刚度为 $5kN \cdot m^2/m$ 和 $154\ kN \cdot m^2/m$ 的管道竖向挠曲变形在土工布拉伸刚度不同时的对比。从图 4-15 和图 4-16 中均可以看出，管道竖向挠曲变形随着土工布拉伸刚度的增加而逐渐减小。

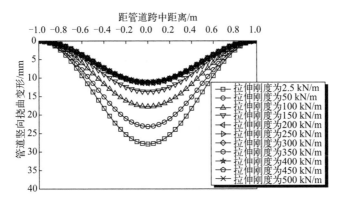

图 4-15 纵向弯曲刚度为 $5kN \cdot m^2/m$ 的管道竖向挠曲变形在土工布拉伸刚度不同时的对比

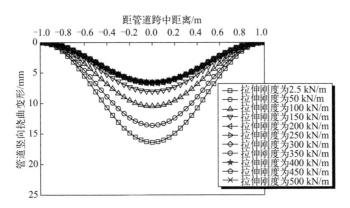

图 4-16 纵向弯曲刚度为 $154kN \cdot m^2/m$ 的管道竖向挠曲变形在土工布拉伸刚度不同时的对比

模型底部施加竖向位移为 10mm、30mm、50mm 和 70mm 时的管道竖向挠曲变形见附录 D 中的图 D-1 和图 D-2。Klar 等[64]指出埋地管道在土体不均匀沉降条件下的力学响应主要为管道的纵向弯曲变形，其弯曲应变可由式(4-4)计算得到：

$$\varepsilon_b = \frac{D}{2\rho} = \frac{D}{2}\frac{\partial^2 S_p(x)}{\partial x^2} \tag{4-4}$$

式中　D——管道直径，m；

　　　ρ——管道竖向挠曲变形曲率半径，m；

　　　S_p——管道竖向挠曲变形；

　　　x——距管道跨中的距离，m。

用本书在第 3 章中所提出的修正高斯公式对管道的竖向挠曲变形进行拟合分析：

$$S_p(x) = mS_{pmax}[e^{-0.5(nx/i+\alpha)^2} + e^{-0.5(nx/i-\alpha)^2}] \tag{4-5}$$

$$m = 0.5e^{-0.5\alpha^2} \tag{4-6}$$

$$[1-(n+\alpha)^2]\exp(-2n\alpha) = (n-\alpha)^2 - 1 \tag{4-7}$$

式中　S_{pmax}——管道跨中竖向变形；

　　　α——沉降变形曲线的形状系数；

　　　i——沉降变形曲线的宽度系数；

　　　m，n——修正系数，其可以保证在修正的高斯曲线中，i 为曲线的中轴线到其反弯点的距离。

管道竖向挠曲变形的二阶导函数为：

$$\frac{\partial^2 S_p(x)}{\partial x^2} = \frac{mn^2 S_{pmax}}{i^2}\left\{e^{-0.5\left(\frac{nx}{i}+\alpha\right)^2}\left[\left(\frac{nx}{i}+\alpha\right)^2 - 1\right] + e^{-0.5\left(\frac{nx}{i}-\alpha\right)^2}\left[\left(\frac{nx}{i}-\alpha\right)^2 - 1\right]\right\} \tag{4-8}$$

由此可以得到管道跨中位置处的最大弯曲应变 ε_{bmax} 与管道跨中竖向挠曲变形 S_{pmax} 的关系：

$$\varepsilon_{bmax} = \frac{Dmn^2 S_{pmax}}{i^2} e^{-0.5\alpha^2(\alpha^2-1)} \tag{4-9}$$

根据我国规范（CECS 164：2004）[47]，HDPE 管道极限拉伸强度的试验标准值为 21MPa，将管材的弹性模量取为 513MPa，可得 HDPE 管道的极限拉应变为 41000×10^{-6}。将管道在土体不均沉降条件下的最大弯曲应变取为其极限拉应变（即 41000×10^{-6}），从而可以通过式(4-9)计算得到纵向弯曲刚度为 5kN·m²/m 和 154kN·m²/m 的管道最大允许竖向挠曲变形分别为 54mm 和 30mm，其中，α、m、n 和 i 的取值分别为 0.5、0.567、1.169 和 0.4。Watkins 和 Anderson[150] 指出 HDPE 管道挠曲变形的设计允许值应该考虑一定的安全储备，其建议将HDPE管道挠曲变形的安全系数取值为4.0。因此，在本章的研究中，将纵向弯曲刚度为 $5kN \cdot m^2/m$ 和 $154kN \cdot m^2/m$ 的管道最大允许竖向挠曲变形分别取为 13.5mm 和 7.5mm。

图 4-17 和图 4-18 分别为纵向弯曲刚度为 $5kN \cdot m^2/m$ 和 $154kN \cdot m^2/m$ 的管道跨中竖向挠曲变形随土工布拉伸刚度的变化。从图 4-17 中可以看出，当模型底部施加的竖向位移为 10mm 和 30mm 时，纵向弯曲刚度为 $5kN \cdot m^2/m$ 的管道跨中竖向位移均小于 13.5mm；当模型底部施加的竖向位移为 50mm、70mm 和 90mm 时，土工布拉伸刚度必须分别大于 80kN/m、115kN/m 和 150kN/m，管道跨中竖向位移才小于 13.5mm。从图 4-18 中可以看出，当模型底部施加的竖向位移为 10mm 和 30mm 时，纵向弯曲刚度为 $154kN \cdot m^2/m$ 的管道的跨中竖向位移均小于 7.5mm；当模型底部施加的竖向位移为 50mm、70mm 和 90mm 时，土工布拉伸刚度必须分别大于 45kN/m、100kN/m 和 170kN/m，管道跨中竖向位移才小于 7.5mm。从图 4-17 和图 4-18 中还可以看出，当土工布拉伸刚度≥200kN/m 时，纵向弯曲刚度为 $5kN \cdot m^2/m$ 和 $154kN \cdot m^2/m$ 的管道跨中竖向挠曲变形均趋于恒定。

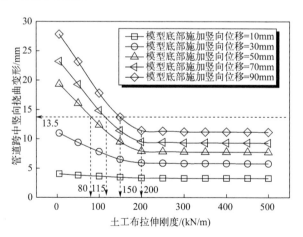

图 4-17　纵向弯曲刚度为 $5kN \cdot m^2/m$ 的管道跨中竖向
挠曲变形随土工布拉伸刚度的变化

基于以上分析可知，针对土工布在管道底部的单层加筋铺设，土工布拉伸刚度的优选范围为 $\chi \sim 200kN/m$，其中，χ 为土

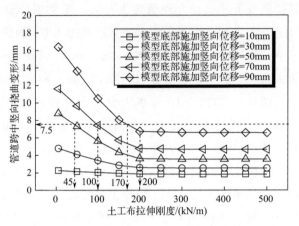

图 4-18　纵向弯曲刚度为 154kN·m^2/m 的管道跨中竖向
挠曲变形随土工布拉伸刚度的变化

工布在管道底部单层加筋铺设时的拉伸刚度优先下限,其取值与土体的不均匀沉降量和管道的纵向弯曲刚度有关。为了便于对比分析,在之后的参数敏感性分析中,将土工布的拉伸刚度均取值为 200kN/m 以对土工布密度、加筋位置以及加筋层数的影响进行研究。

图 4-19 和图 4-20 分别为模型底部施加竖向位移为 90mm 时,纵向弯曲刚度为 5kN·m^2/m 和 154kN·m^2/m 的管道竖向挠曲变形在土工布密度不同时的对比。从图 4-19 和图 4-20 中可以看出,当土工布密度分别为 0.11g/cm^3 和 0.62g/cm^3 时,纵

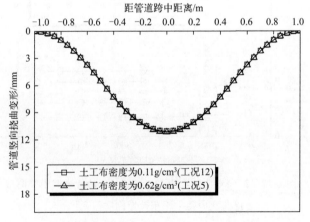

图 4-19　纵向弯曲刚度为 5kN·m^2/m 的管道竖向挠曲变形
在不同土工布密度条件下的对比

向弯曲刚度为 $5kN \cdot m^2/m$ 和 $154kN \cdot m^2/m$ 的管道竖向挠曲变形的相对误差均小于 5%。这表明土工布的密度对管道竖向挠曲变形的影响可以忽略。模型底部施加竖向位移为 10mm、30mm、50mm 和 70mm 时的管道竖向挠曲变形见附录 D 中的图 D-3 和图 D-4。

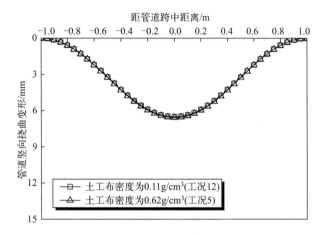

图 4-20 纵向弯曲刚度为 $154kN \cdot m^2/m$ 的管道竖向挠曲变形在不同土工布密度条件下的对比

图 4-21 和图 4-22 分别为模型底部施加竖向位移为 90mm 时,纵向弯曲刚度为 $5kN \cdot m^2/m$ 和 $154kN \cdot m^2/m$ 的管道竖向挠曲变形在土工布加筋铺设位置不同时的对比。从图 4-21 和图 4-22 中可以看出,土工布在距管道底部 0.4m 处加筋铺设时管道

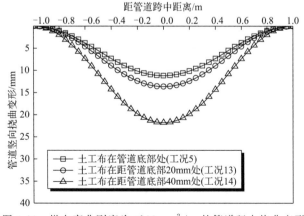

图 4-21 纵向弯曲刚度为 $5kN \cdot m^2/m$ 的管道竖向挠曲变形在土工布加筋铺设位置不同时的对比

的竖向挠曲变形＞土工布在距管道底部 0.2m 处加筋铺设时管道的竖向挠曲变形＞土工布在管道底部处加筋铺设时管道的竖向挠曲变形。这是因为当土工布的加筋位置距管道底部一定距离时，位于管道和土工布之间的土体在地基不均匀沉降条件下加剧了土工布的变形（如图 4-23 和图 4-24 所示），从而使其对管道及其周围土体的加筋效果减弱。模型底部施加竖向位移为 10mm、30mm、50mm 和 70mm 时的管道竖向挠曲变形以及土工布变形见附录 D 中的图 D-5～图 D-8。

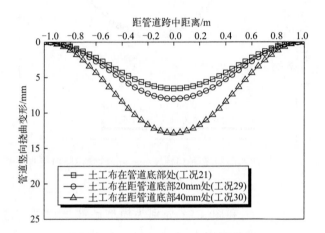

图 4-22　纵向弯曲刚度为 154kN·m^2/m 的管道竖向挠曲变形在土工布加筋铺设位置不同时的对比

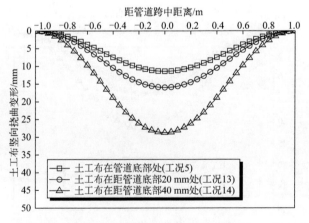

图 4-23　土工布在纵向弯曲刚度为 5kN·m^2/m 的管道底部加筋时其自身的变形

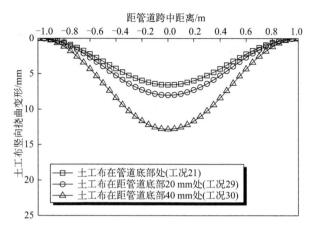

图 4-24　土工布在纵向弯曲刚度为 154kN·m²/m 的管道底部加筋时其自身的变形

图 4-25 和图 4-26 为模型底部施加竖向位移为 90mm 时，纵向弯曲刚度为 5kN·m²/m 和 154kN·m²/m 的管道竖向挠曲变形在土工布加筋层数不同时的对比。从图 4-25 和图 4-26 中可以看出，当拉伸刚度为 200kN/m 的土工布在纵向弯曲刚度为 5kN·m²/m 和 154kN·m²/m 的管道底部进行单层、双层以及三层加筋铺设时，管道竖向挠曲变形的相对误差均小于 5%。模型底部施加竖向位移为 10mm、30mm、50mm 和 70mm 时的管道竖向挠曲变形见附录 D 中的图 D-9 和图 D-10。

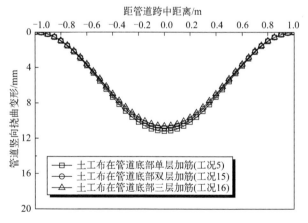

图 4-25　纵向弯曲刚度为 5kN·m²/m 的管道竖向挠曲变形
在土工布加筋层数不同时的对比

图 4-27 和图 4-28 为模型底部施加竖向位移为 90mm 时，纵向弯曲刚度为 5kN·m²/m 和 154kN·m²/m 的管道竖向挠曲变

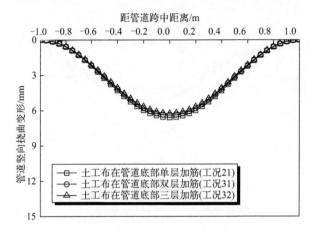

图 4-26 纵向弯曲刚度为 $154kN \cdot m^2/m$ 的管道竖向挠曲变形在土工布加筋层数不同时的对比

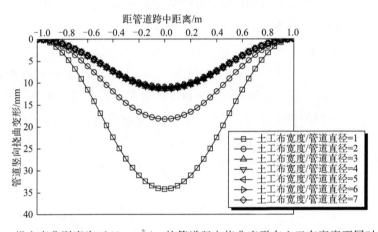

图 4-27 纵向弯曲刚度为 $5kN \cdot m^2/m$ 的管道竖向挠曲变形在土工布宽度不同时的对比

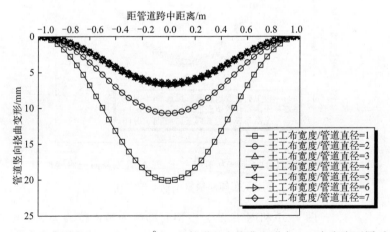

图 4-28 纵向弯曲刚度为 $154kN \cdot m^2/m$ 的管道竖向挠曲变形在土工布宽度不同时的对比

形在土工布加筋宽度不同时的对比。从图 4-27 和图 4-28 中可以看出，管道竖向挠曲变形随着土工布宽度的增加而逐渐减小。模型底部施加竖向位移为 10mm、30mm、50mm 和 70mm 时的管道竖向挠曲变形见附录 D 中的图 D-11 和图 D-12。

图 4-29 和图 4-30 分别为纵向弯曲刚度为 $5kN \cdot m^2/m$ 和 $154kN \cdot m^2/m$ 的管道跨中竖向挠曲变形随土工布宽度的变化。从图 4-29 和图 4-30 中均可以看出，当土工布宽度/管道直径≥3 时，纵向弯曲刚度为 $5kN \cdot m^2/m$ 和 $154kN \cdot m^2/m$ 的管道跨中竖向挠曲变形均趋于恒定。

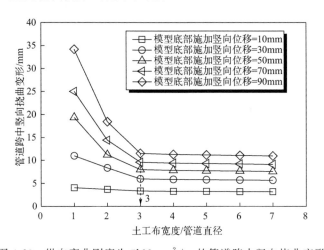

图 4-29 纵向弯曲刚度为 $5kN \cdot m^2/m$ 的管道跨中竖向挠曲变形随土工布宽度的变化

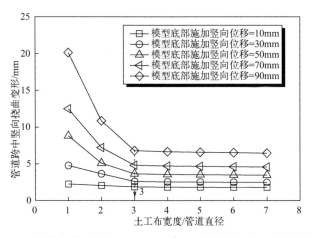

图 4-30 纵向弯曲刚度为 $154kN \cdot m^2/m$ 的管道跨中竖向挠曲变形随土工布宽度的变化

土工合成材料对管道加筋保护方法的流程图见附录 E。在本章的数值参数敏感性分析中，施加在模型底部的最大竖向位移为 90mm，从图 4-17 和图 4-18 可以看出，管道跨中竖向挠曲变形随着模型底部施加竖向位移的增加而增大，而随着土体不均匀沉降量的增加（>90mm），将拉伸刚度为 200kN/m 的土工布在管道底部加筋铺设时，管道的竖向挠曲变形可能会超过"最大允许竖向挠曲变形"（即纵向弯曲刚度为 5kN·m^2/m 和 154kN·m^2/m 的管道跨中竖向位移分别大于 13.5mm 和 7.5mm），针对这种情况，需要视具体工程情况，采用其他的措施对埋地管道进行保护。

4.6 本章小结

通过模型试验以及数值模拟，研究了土工合成材料对埋地 HDPE 管道在地基局部不均匀沉降下的加筋保护，考察了土工布和土工格栅在管道周围的加筋铺设，分析了管道上覆土压力、竖向挠曲变形以及应变的变化。在模型试验的基础上，通过数值模拟的方法，分析了土工布密度、拉伸刚度、加筋位置以及加筋层数等对管道竖向挠曲变形的影响。主要得到以下结论：

① 在管道底部铺设土工布可以有效地减小管道上覆土压力随模型箱底板下调的增加，而在管道顶部铺设土工布则会增加管道的上覆土压力。在管道顶部和底部铺设土工布均可以有效减小填土表面的沉降位移。由于砂土颗粒可以穿过土工格栅表面的开口，在管道底部铺设土工格栅不能有效减小管道上覆土体的不均匀沉降，进而不能减小管道上覆土压力随模型箱底板下调的增加。

② 在管道底部铺设土工布和土工格栅均可以减小管道在模型箱底板下调过程中的竖向以及环向挠曲变形，而在管道顶部铺设土工布则会增大管道的竖向以及环向挠曲变形。对于管道的环向挠曲变形，在管道底部铺设土工布的加筋效果要优于在管道底

部铺设土工格栅。

③ 当管道顶部埋深为我国规范规定的最小覆土厚度（0.7m）时，对土工布在管道底部的单层加筋铺设，其拉伸刚度的优选范围为$\chi \sim 200 \mathrm{kN/m}$，其中，$\chi$ 的取值与土体的不均匀沉降量和管道的纵向弯曲刚度有关。将拉伸刚度为 200kN/m 的土工布在管道底部进行双层或者三层加筋铺设，相较于在管道底部进行单层土工布加筋铺设，并不能显著提高其对埋地管道在地基不均匀沉降条件下的加筋保护效果。当土工布宽度/管道直径≥3 时，管道的竖向挠曲变形趋于恒定。

第 5 章

埋地HDPE管道在断层引发地基错动下的力学响应

5.1 概述

断层是地下深部岩石沿一个破裂面或破裂带两侧发生相对位错的现象，其可以引发岩层上覆土体的错动，进而造成埋地管道的变形破坏，如图 5-1 所示。对于埋地 HDPE 管道，由于其弯曲刚度较低，在断层作用下更容易发生弯曲以及拉伸变形破坏。在 Winkler 弹性地基梁理论中，现有规范[72,73]对管道周围土体的刚度建议取值主要是依据埋地钢管（抗弯刚度高）的试验数据。而 Saiyar[74]、Ni[75]和 Xie 等[151]指出由于埋地

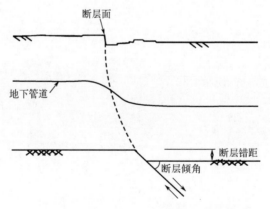

图 5-1 断层对埋地 HDPE 管道挠曲变形的影响

柔性管道与埋地钢管的力学行为差异（如埋地柔性管道在地基不均匀沉降下的"三向土拱效应"等），使现有规范中的土体刚度建议值在被用于计算埋地柔性管道的受力变形时往往过于保守。本章通过室内模型试验，研究埋地 HDPE 管道在断层引发地基错动下的力学响应特征，通过在试验管道上布置粘贴光纤、应变片以及粒子图像测速（particle image velocity，PIV）监测点，获取管道应变沿管身纵向的分布，明确管道发生挠曲变形破坏的"最危险截面"位置。通过将模型试验测得的管道纵向弯曲应变峰值与现有理论方法计算值进行对比，明确现有计算方法存在的不足，为埋地柔性管道在断层作用下设计方法的建立提供试验依据。

5.2 模型试验材料及方案

5.2.1 模型试验箱

试验所采用模型箱的长度、宽度和高度分别为 7.1m、1.8m 和 1.8m，如图 5-2 所示。在模型试验箱的侧壁上安装有厚度为 20mm 的树脂玻璃板，用以观测模型试验过程中土体的位移情况。模型试验箱的底板由两部分组成，一部分是长度为 3.65m 可以上下移动的木制底板（其位移由在底板下部安装的螺旋千斤

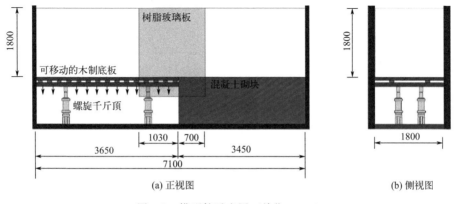

图 5-2 模型箱示意图（单位：mm）

顶控制，如图 5-3 所示），另一部分是由不可移动的混凝土砌块构成。在木制底板下部的螺旋千斤顶上连接有精度为 0.1mm 的钢弦式位移计，以在试验过程中实时监测模型箱底板的位移。

图 5-3　模型箱底板下部安装的螺旋千斤顶

5.2.2　试验材料

模型试验采用长度为 6.4m、公称内径为 0.6m 的 HDPE 双壁波纹管道，管壁结构如图 5-4 所示。试验管道的基本参数见表 5-1。试验管道周围填料为商用橄榄石砂，其颗粒级配参数见表 5-2。根据《土的工程分类标准》（GB/T 50145—2007）[133]，试验用砂为级配不良砂。试验采用应变片的型号为 N11-FA-5-120-11，电阻为 120Ω，灵敏系数为 2.09×(1±1%)，栅长×栅宽为 5mm×3mm。试验采用的钢弦式位移计的测量量程和精度分别

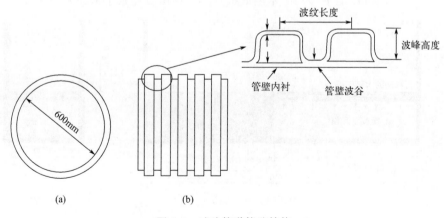

图 5-4　试验管道管壁结构

为 0.5m 和 0.1mm。利用数据采集器（Vishay System 5000 StrainSmart）实时记录应变片和钢弦式位移计的试验数据。在试验中，同时采用了光纤的测试方法对管道应变进行监测，采用 Luna 科技责任有限公司生产的光纤分布式传感采集系统对光纤数据进行采集。光纤具有低成本[75]（0.15 美元/m）、易粘贴安装等优点，而且相较于应变片的点测量，通过光纤还可以获得其测试范围内的连续应变分布。

表 5-1 试验管道的基本参数

公称内径/mm	长度/m	内层壁厚/mm	层压壁厚/mm	波峰高度/mm	波纹长度/mm	PS/(kN/m²)
600	6.4	4.1	7.3	56	78	320

表 5-2 试验用砂的基本参数

参数		数值	参数	数值
相对密度		3.2	d_{60}/mm	1.02
最大孔隙比		1.13	d_{30}/mm	0.67
最小孔隙比		0.91	d_{10}/mm	0.46
砂粒	粗(0.5~2mm)/%	92.5	不均匀系数 C_u	2.21
	中(0.25~0.5mm)/%	3.4	曲率系数 C_c	0.96
	细(75~250μm)/%	4.1		

5.2.3 试验方案

在进行模型试验之前，对试验管道进行"四点弯曲"试验，如图 5-5 所示，以检测应变片、光纤的粘贴质量及其测试性能。"四点弯曲"试验的步骤如下：

① 将试验管道水平放置于两个可以和管道外表面相契合的木楔子上（两个木楔子作为管道底部的支撑点，其间距为 4.56m）。

② 在一块重 16kg 的木板上固定两个可以和管道外表面相契合的木楔子，然后将其放置于管道顶部（两个木楔子作为管道顶部的加载点，其间距为 2.56m）。

③ 将两个重 6kg 的塑料桶放置于管道顶部的木板上，然后

将事先称重的橄榄石砂分四次倒入两个塑料桶中（每只桶四次倒入砂的质量依次为 14kg、40kg、40kg 和 40kg，时间间隔为 8min）。为了测量管道在"四点弯曲"试验中的竖向挠曲变形，将一个钢弦式位移计安装固定于管道的跨中位置处。

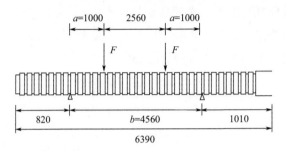

图 5-5　管道"四点弯曲"试验示意图（单位：mm）

Klar 等[64]指出埋地管道在地基不均匀沉降条件下的力学响应主要为管道的纵向弯曲变形。Ni[75]指出当试验管道两端采用"自由端"约束时，由于管道端部没有轴向拉伸约束，管道在地基不均匀沉降条件下产生的纵向弯曲变形大于当管道端部采用"固定端"约束时的纵向弯曲变形。因此，在本章的模型箱试验中，在试验管道两端采用"自由端"约束，以获取埋地管道在断层作用下较为保守的弯曲变形力学响应特征。在断层作用下，断层面处的土体剪切位移在从底部传递到顶部的过程中会逐渐倾斜于断层的上盘，如图 5-6 所示。Ni[75]通过模型试验研究，指出在距离模型箱木制底板 0.3m 的土体位置处，剪切位移的偏移量大致为 0.1m。基于此，在本章的模型试验中，将试验管道截面 2 布置于距离模型箱断层面 0.1m 的位置处，以获得管道截面在土体最大剪力作用下的力学响应特征。HDPE 双壁波纹管道在

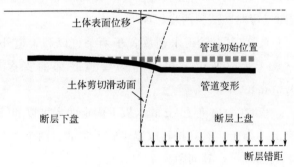

图 5-6　断层作用下土体的剪切滑动面

模型箱中的埋设布置情况如图 5-7 所示,其管侧埋深为 1.2m。

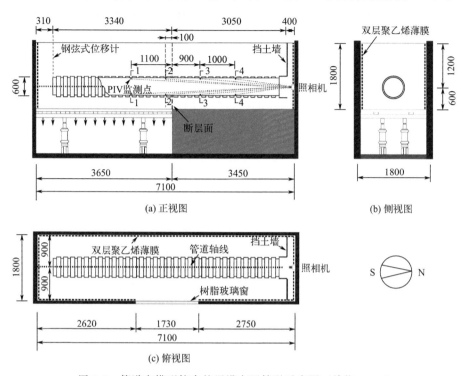

图 5-7 管道在模型箱中的埋设布置情况示意图(单位:mm)

在管道截面 1、截面 2、截面 3 和截面 4 处分别布置 16 个 PIV 监测点[152],每两个相邻监测点的圆心角间距为 22.5°,如图 5-8 所示,每个 PIV 监测点的长度和宽度分别为 35mm 和 15mm。将数字照相机(型号为 Canon EOS Rebel T4i DSLR)固定安装于模型试验的侧壁(见图 5-7),并将自动拍照时间间隔设置为 10s,对 PIV 监测点在试验过程中的位移情况进行拍照,以监测试验管道沿其纵向和横向的挠曲变形。为了监测位于模型箱木制底板一侧管道端部的位移,在管道端部处安装了钢弦式位移计(见图 5-7)。

沿着管道的纵向分别在管道内壁的顶部、侧向和底部位置处粘贴光纤,以获取沿管道纵向的连续应变分布,如图 5-8 所示。将应变片分别粘贴在管道截面 1、截面 2 和截面 3 顶部和底部的管道外壁波谷位置处(见图 5-8),以对 HDPE 双壁波纹管道管壁的"局部弯曲效应"进行研究。为了监测管道的环向应变,沿着管道截面 1、截面 2 和截面 3 的环向分别进行了光纤的布置粘贴，如图 5-8 所示。需要注意的是，利用光纤采集的应变数据均对应一个"光谱转换系数"，而只有当应变数据的"光谱转换系数"大于 0.15 时，光纤测试数据的精度才能得到保证。在本章之后对管道应变的讨论分析中，应变的正负值分别代表拉应变和压应变。

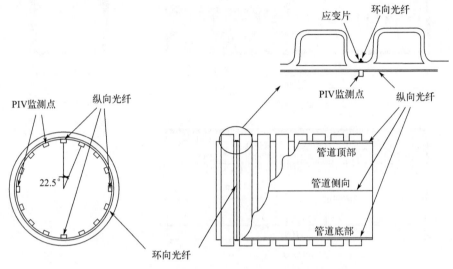

图 5-8　PIV 监测点、应变片以及光纤的布置示意图

本章模型箱试验的步骤为：

① 利用起重机将袋装的橄榄石砂倾倒入模型试验箱中，然后逐层用平板振动压实机压实一遍，在压实过程中每层橄榄石砂的高度控制在 0.15m 左右。

② 在模型箱底部砂层的填筑高度达到 0.3m 时，将试验管道放置于底部砂层之上。

③ 在试验管道放置完成后，继续逐层填筑橄榄石砂直到管道预定埋设深度。在填筑每层砂之前，预先在模型箱中沿其长度方向等间隔地放置三个已知容积的密度量杯，在压实作业后，将三个密度量杯挖出称重，并进行加权平均以计算砂土的密度。

在本章的模型试验中，橄榄石砂的填筑密度和相对密实度分别为 $1.63g/cm^3$ 和 76%。根据 Ni[75] 对橄榄石砂的三轴排水剪切试验结果，其密度为 $1.63g/cm^3$ 时的内摩擦角和膨胀角分别为 34.5°和 15.7°。

模型试验中总的断层错距控制为100mm（即模型箱木制底板总的下调高度），将模型箱木制底板分为10次进行下调（其中除了第8次和第9次的模型箱底板下调位移为13mm和7mm，其他次的底板下调位移均为10mm）。模型箱木制底板的下调速率控制为1.2mm/min。模型箱底板每次下调的时间间隔控制在10min左右，以便进行光纤数据的采集工作。在模型试验箱的侧壁均进行了"双层聚乙烯薄膜"的布置粘贴（见图5-7），在两层聚乙烯薄膜之间均匀地涂抹凡士林以减小回填砂土与模型箱壁之间的摩擦作用[153]。

5.3 模型试验结果及分析

5.3.1 管道"四点弯曲"试验结果

管道在"四点弯曲"条件下的跨中竖向挠曲变形可以用式(5-1)计算[154]：

$$y = \frac{Fb}{12E_p I_p}(3ab - 3a^2 - b^2/4) \tag{5-1}$$

式中　F——施加在管道顶部的集中荷载，kN；

　　　b——管道底部支撑点之间的距离，m；

　　　a——管道顶部集中荷载与底部支撑点之间的距离，m；

　　　E_p——管道的弹性模量，kPa；

　　　I_p——管道横向截面惯性矩，m^4。

HDPE管道材料弹性模量随加载时间变化的计算公式为[136]：

$$E_p(t) = (52.6 + 1024t^{-0.097786}) \times 1000 \tag{5-2}$$

式中　t——加载时间，s。

图5-9是HDPE管道在"四点弯曲"条件下的跨中竖向挠曲变形实测值与式(5-1)计算值的对比。从图中可以看出，HDPE管道跨中竖向挠曲变形实测值随时间的变化与式(5-1)的计算值基本吻合，其中，管道横截面惯性矩（I_p）取为0.0003m^4。

图5-10是试验管道跨中竖向挠曲变形与集中荷载（F）的曲

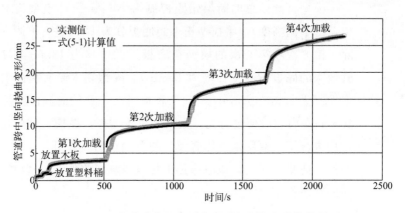

图 5-9　试验管道跨中竖向挠曲变形实测值与计算值的对比

线关系图。为了消除 HDPE 管道材料黏性变形的影响，在图 5-10 中，各个加载阶段的管道跨中挠曲变形均采用加载时间为 7min 时的试验数据。从图中可以看出，管道跨中竖向挠曲变形随着集中荷载的增大呈现出线性增长趋势。

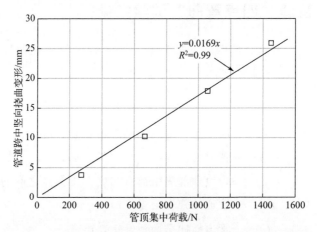

图 5-10　试验管道跨中竖向挠曲变形随集中荷载的变化

管道的纵向弯曲应变可以通过管道顶部和底部的纵向应变计算得到：

$$\varepsilon_b = (\varepsilon_i - \varepsilon_c)/2 \tag{5-3}$$

式中　ε_b——管道纵向弯曲应变；

ε_i——管道底部纵向应变；

ε_c——管道顶部纵向应变。

管道纵向弯曲应变也可以通过欧拉-伯努利梁理论[154] 计算

得到：

$$\varepsilon_b = \frac{MD}{2E_p I_p} \quad (5\text{-}4)$$

式中　M——管道纵向弯矩，kN·m；

　　　D——管道直径，m。

图 5-11 和图 5-12 分别是将光纤和应变片应变测量值代入式 (5-3) 计算得到的管道纵向弯曲应变与式(5-4) 计算值的对比。从图 5-11 中可以看出，利用式(5-3) 计算得到的管道纵向弯曲应变沿管身的分布呈现出较为明显的"波动"变化。这是因为 HDPE 双壁波纹管道在管壁内衬处的壁厚 (4.1mm) 要小于其在管壁波谷处的壁厚 (7.3mm)，进而在管道纵向受弯时，其管壁会出现"局部弯曲"的情况，如图 5-13 所示。从图 5-11 和图 5-12 中可以看出，利用光纤和应变片测量值计算得到的管道纵向弯曲应变均小于式(5-4) 计算值。这是因为 HDPE 双壁波纹管道在其生产过程中采用了"双壁内部充气技术"[155]对管壁腔室内部进行充气处理，增强了管壁的弯曲刚度，从而使利用光纤和应变片测量值计算得到的管道纵向弯曲应变小于式(5-4) 的理论计算值。

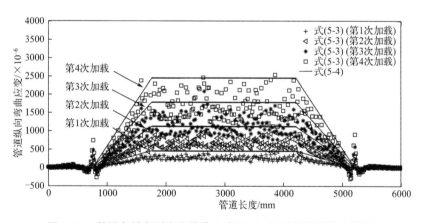

图 5-11　利用光纤实测应变值代入式(5-3) 得到的管道纵向弯曲
应变值与式(5-4) 计算值的对比

5.3.2　模型箱试验结果

图 5-14 是模型箱底板下调 10mm 时，试验管道纵向弯曲应变沿管身的分布图。从图中可以看出，管壁波谷位置处的纵向弯

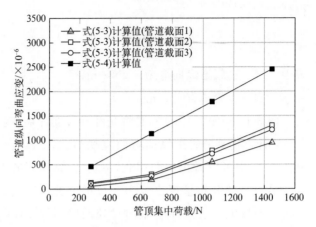

图 5-12　利用应变片实测应变值代入式(5-3) 得到的管道纵向弯曲应变值与式(5-4) 计算值的对比

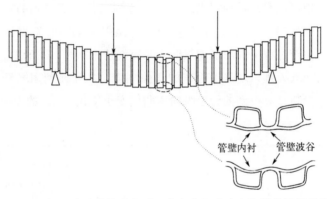

图 5-13　HDPE 双壁波纹管道在"四点弯曲"试验中的管壁局部弯曲变形

曲应变大于管壁内衬位置处。这是因为 HDPE 双壁波纹管道在管壁内衬位置处的壁厚为 4.1mm，小于管壁波谷位置处的壁厚 (7.3mm)，所以管道在其管壁内衬位置处发生了与管身整体弯曲变形方向相反的"局部弯曲"变形，进而部分地抵消了由管道整体弯曲变形产生的纵向弯曲应变。

图 5-15 是试验管道纵向弯曲应变随模型箱底板下调位移的变化。当模型箱底板下调位移大于 50mm 时，由于管壁"局部弯曲"变形的影响，光纤测试数据的"光谱转换系数"已经小于其下限阈值（即 0.15），所以在图 5-14 中只给出了试验管道在模型箱底板下调位移小于等于 50mm 时的纵向弯曲应变。从图中可以看出，当模型箱底板的下调位移为 50mm 时，在断层上盘

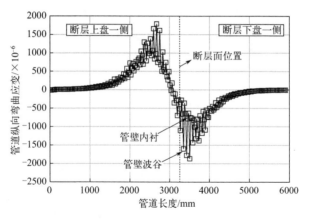

图 5-14　HDPE 双壁波纹管道在模型箱底板下调 10mm 时的纵向弯曲应变

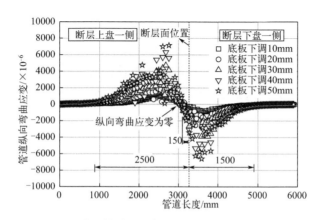

图 5-15　HDPE 双壁波纹管道纵向弯曲应变随模型箱底板下调位移的变化

（即模型箱木制底板）一侧管身的纵向弯曲应变在距断层面 2.5m 的位置处变为零，而在断层下盘一侧管身的纵向弯曲应变在距断层面 1.5m 的位置处变为零。这表明试验管道纵向弯曲应变在断层上盘一侧沿管身的分布范围大于其在下盘一侧沿管身的分布范围。Ni[75] 指出在断层作用下，埋地管道在断层上盘一侧的变形取决于管道上覆土体的抗拔极限承载力，而在断层下盘一侧的变形则取决于管道底部（管基）土体的抗压极限承载力。因为管道底部土体的抗压极限承载力大于管道上覆土体的抗拔极限承载力[72,156]，所以管道在断层下盘一侧受到的土体约束作用要大于其在断层上盘一侧受到的土体约束作用。

Ni[75] 提出埋地管道在断层作用下的竖向挠曲变形可以用修正逻辑函数进行拟合：

$$f(x)=\frac{\delta}{[1+\kappa e^{-c(x-x_0)/i}]^{1/\kappa}} \tag{5-5}$$

$$c=\ln\left(\frac{\kappa}{2}+\frac{\sqrt{\kappa^2+6\kappa+5}}{2}+1.5\right) \tag{5-6}$$

式中　δ——断层错距，mm；
　　　κ——函数形状系数，取值为 0.8；
　　　x_0——函数反弯点的位置，mm；
　　　i——函数曲率峰值点到反弯点的距离，mm。

图 5-16 是利用式(5-5)对试验管道在管道截面 1、截面 2、截面 3、截面 4 及其端部的竖向挠曲变形实测值的函数拟合曲线。从图中可以看出，试验管道在断层上盘一侧的竖向位移随着模型箱木制底板的下调而逐渐增加，而其在断层下盘一层的位移始终为零。管道竖向挠曲变形曲线的反弯点（即管道纵向弯曲应变为零的位置，见图 5-15）在断层上盘一侧距断层面 0.15m 的位置处，这是因为断层面处的土体剪切位移在从底部传递到顶部的过程中会逐渐倾斜于断层的上盘（见图 5-6）。

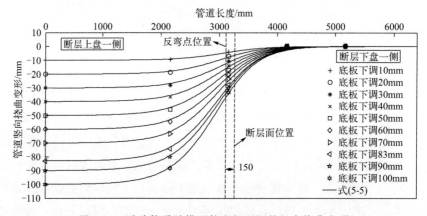

图 5-16　试验管道随模型箱底板下调的竖向挠曲变形

图 5-17 是利用光纤监测得到的管道侧向应变（即轴向应变）随着模型箱底板下调位移的变化。从图中可以看出，管道轴向应变在断层上盘一侧沿管身的分布范围明显大于其在下盘一侧沿管身的分布范围。这是因为管道在断层上盘一侧受到土体的约束作用（取决于管道上覆土体的抗拔极限承载力）小于其在下盘一侧受到的土体约束作用（取决于管道底部土体的抗压极限承载力）。

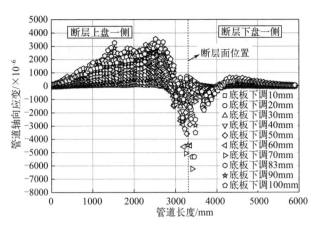

图 5-17　HDPE 双壁波纹管道轴向应变随模型
箱底板下调位移的变化

图 5-18 是管道顶部（外表面）、顶部（内表面）、侧向、底部（内表面）和底部（外表面）的纵向应变监测点位置及其在管道截面 1、截面 2 和截面 3 内的变化曲线图。从图中可以看出，当模型箱木制底板下调 10mm 时，管道顶部（内表面）、侧向和底部（内表面）的纵向应变在管道截面 1、截面 2 和截面 3 处均为线性分布，而随着模型箱底板的下调，其逐渐变为非线性分布，尤其是在管道截面 2 处。而管道纵向应变在截面 1、截面 2 和截面 3 顶部（外表面）到顶部（内表面）以及底部（内表面）到底部（外表面）内的分布，在模型箱木制底板下调位移为 10mm 时就表现为高度非线性，这是 HDPE 双壁波纹管道在其

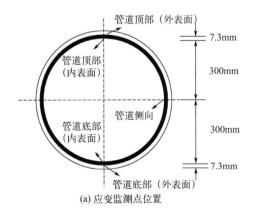

(a) 应变监测点位置

图 5-18

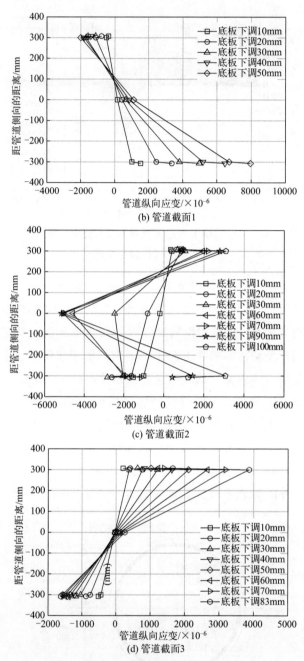

图 5-18 HDPE 双壁波纹管道纵向应变监测点位置及其在管道横截面内的分布

管壁处发生的"局部弯曲"变形所导致。

图 5-19 是管道在截面 1、截面 2、截面 3 和截面 4 处竖向和水平向挠曲变形随模型箱底板下调位移的变化。从图中可以看

出，管道在截面 1、截面 2、截面 3 和截面 4 处的竖向和水平向直径随着模型箱底板的下调分别减小和增加，而竖向和水平向挠曲变形大小基本一致。当模型箱底板下调位移为 100mm 时，管道截面 2 的竖向和水平向挠曲变形百分比分别为 1.52% 和 1.53%［利用第 2 章中的式（2-13）和式（2-14）计算得到］，虽然其均小于我国规范（CECS 164：2004）[47] 以及 ASTM 规范[157] 规定的埋地柔性管道挠曲变形百分比极限值（即 5% 和 7.5%），但从图中可以看出，管道截面 2 的竖向和水平向挠曲变形要明显大于管道截面 1、截面 3 和截面 4，即管道截面 2 是埋地管道在断层作用下发生挠曲变形破坏的"最危险截面"。这是因为管道截面 2 位于断层面附近，在模型箱底板下调过程中，管道截面 2 周围土体发生剪切变形，而使其对管道截面 2 的"侧向支持作用"减弱，进而导致管道在截面 2 处发生了较大的挠曲变形。

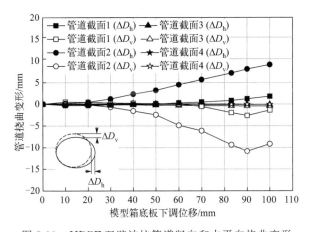

图 5-19　HDPE 双壁波纹管道竖向和水平向挠曲变形

图 5-20 是管道截面 1、截面 2 和截面 3 顶部和底部的纵向应变和环向应变的对比。从图 5-20(a) 和（c）中可以看出管道截面 1 底部和截面 3 顶部在模型箱底板下调过程中均发生了纵向受拉变形，且纵向拉应变均随着模型箱底板的下调而呈现线性增加。而管道截面 1 顶部和截面 3 底部均为纵向受压变形，其纵向压应变随着模型箱底板下调位移的增加而逐渐趋于平稳，这是因为填充在试验管道管壁波谷位置处的砂颗粒增强了管壁的局部纵向抗压刚度。从图 5-20(a) 和（c）中还可以看出，管道截面 1

和截面3顶部和底部的环向应变均小于其纵向应变；而从图5-20(b)中可以看出，管道截面2顶部和底部的纵向应变和环向应变随着模型箱底板的下调均表现出显著的非线性变化。

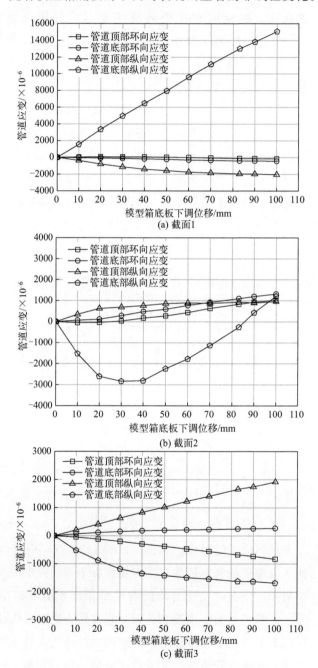

图5-20 管道顶部和底部处纵向和环向应变的对比

5.3.3 模型箱试验结果讨论

Karamitros 等[156]将断层作用下的管土相互作用区域划分为三个部分(即断层下盘区、断层面与埋地管道交错区以及断层上盘区)进行讨论分析,并提出了对埋地管道在断层作用下的峰值弯曲应变的计算方法(以下简称为"三段法")。在"三段法"中,管道受到周围土体的约束力采用 ALA 规范[72]方法计算:

当埋地管道相对于周围土体发生轴向位移时,其受到的土体约束力可用式(5-7) 计算:

$$T_u = \pi \gamma H_s D \frac{k_0-1}{2} \tan(f'\varphi) \qquad (5-7)$$

式中 T_u——埋地管道相对于周围土体发生轴向位移时受到的土体约束力,kN/m;

γ——土体重度,kN/m³;

H_s——管道侧向埋深,m;

D——管道直径,m;

k_0——静止侧向土压力系数,由 $1-\sin\varphi$ 计算得到;

φ——土体内摩擦角,(°);

f'——管道材料表面修正系数。

当埋地管道相对于土体向上运动时,其受到的土体约束力可用式(5-8) 计算:

$$Q_u = N_{qv} \gamma H_s D \qquad (5-8)$$

式中 Q_u——埋地管道相对于土体向上运动时受到的土体约束力,即管道上覆土体的抗拔极限承载力,kN/m;

N_{qv}——修正系数,可用式(5-9) 计算。

$$N_{qv} = \frac{\varphi H_s}{44D} \qquad (5-9)$$

当埋地管道相对于土体向下运动时,其受到的土体约束力可用式(5-10) 计算:

$$Q_d = N_q \gamma H_s D + N_\gamma \gamma D^2/2 \qquad (5-10)$$

式中 Q_d——埋地管道相对于土体向下运动时受到的土体约束力,即管道底部土体的抗压极限承载力,kN/m;

N_q,N_γ——修正系数,可分别用式(5-11) 和式(5-12) 计算。

$$N_q = e^{\pi\tan\varphi}\tan(45+\varphi/2) \tag{5-11}$$

$$N_\gamma = e^{0.18\varphi-2.5} \tag{5-12}$$

Ni[75] 针对埋地柔性管道在断层作用下的力学响应特征进行了数值模拟分析,提出了名为"Kappa"的管道峰值弯曲应变计算方法。图 5-21 是将试验管道顶部和底部纵向应变实测值代入式(5-3) 计算得到的管道峰值弯曲应变与"三段法"和"Kappa 方法"计算值的对比。在"三段法"和"Kappa 方法"中所采用的计算参数取值见表 5-3。根据 ALA 规范[72],与 T_u、Q_u 和 Q_d 相对应的管土相对位移分别取为 3mm、$0.01H=12$mm 和 $0.1D=60$mm。从图 5-21 中可以看出,利用"三段法"和"Kappa 方法"计算得到的管道峰值弯矩均大于式(5-3) 的计算值〔例如,当模型箱底板下调 50mm 时,"三段法"和"Kappa 方法"计算值分别比式(5-3) 计算值大 66% 和 143%〕。这可能是因为:

① 利用 ALA 规范计算得到的埋地管道在地基不均匀沉降下的土体约束力只适用于埋地钢管的弯曲变形计算,而对于埋地柔性管道弯曲变形的计算,现有研究[74,75,151]已表明其过于保守;

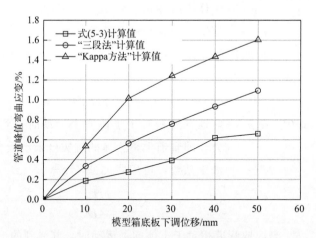

图 5-21 管道峰值弯曲应变计算值对比

表 5-3 "三段法"和"Kappa 方法"中的计算参数取值

D /mm	I_p/m^4	E_p /MPa	H_s/m	γ /(kN/m^3)	φ/(°)	f	T_u /(kN/m)	Q_u /(kN/m)	Q_d /(kN/m)
600	0.0003	600	1.2	1.63	34.5	0.6	121	18.4	485.3

② 在"三段法"和"Kappa 方法"中均没有考虑 HDPE 双壁波纹管道在管壁位置处"局部弯曲"变形的影响。

5.4 本章小结

通过室内模型试验，研究了埋地 HDPE 管道在断层作用下的力学响应特征。通过光纤数据的采集，获取了管道沿其纵截面方向上的连续应变分布，考察了管道纵向弯曲应变随模型箱底板下调的变化。通过在管道不同截面位置处布置 PIV 监测点，分析了管道在横截面方向上挠曲变形的变化。得到以下主要结论：

① HDPE 双壁波纹管道在断层作用下，其管壁波谷位置处的纵向弯曲应变大于管壁内衬处的纵向弯曲应变。这是因为管道在其管壁内衬位置处发生了与管身整体弯曲变形方向相反的"局部弯曲"变形，从而部分地抵消了由管道整体弯曲变形产生的纵向弯曲应变。

② 管道的纵向弯曲应变以及轴向应变在断层上盘一侧沿管身的分布范围大于其在下盘一侧沿管身的分布范围。这是因为在断层作用下，埋地管道在断层上盘一侧的变形取决于管道上覆土体的抗拔极限承载力，而在断层下盘一侧的变形则取决于管道底部（管基）土体的抗压极限承载力，所以管道在断层上盘一侧受到的土体约束力小于其在断层下盘受到的土体约束力。

③ 管道顶部（内表面）、侧向和底部（内表面）的纵向应变在管道截面 1、截面 2 和截面 3 处随着模型箱底板的下调逐渐从线性分布变为非线性分布，而在管道截面 2 处尤为明显。而试验管道纵向应变从管道顶部（外表面）到顶部（内表面）和从底部（内表面）到底部（外表面）的变化由于受到管壁"局部弯曲"变形的影响，其在断层错距较小时就表现为高度非线性分布。

④ 管道在位于断层面附近截面 2 处的竖向和水平向挠曲变形明显大于其在截面 1、截面 3 和截面 4 处的竖向和水平向挠曲变形，这表明埋地 HDPE 管道在断层作用下发生挠曲变形破坏的"最危险截面"位于断层面附近。

⑤ 现有计算方法（即"三段法"和"Kappa 方法"）对埋地 HDPE 双壁波纹管道在断层作用下峰值弯曲应变的计算值分别比模型试验实测值大 50%～105% 和 131%～269%。这是因为现有规范对管道周围土体刚度的取值主要是依据埋地钢管的试验数据，而将其用于埋地柔性管道的变形计算则过于保守；同时，在"三段法"和"Kappa 方法"中均没有考虑 HDPE 双壁波纹管道在纵向受弯时所产生的管壁"局部弯曲"变形。

第6章
HDPE管道接头在断层引发地基错动下的力学响应

6.1 概述

管道接头在地下管道的连接中起着重要作用，是地下管道系统不可或缺的重要组成部分。然而在地基不均匀沉降条件下，管道接头会发生剪切以及扭转，严重时甚至发生断裂脱开，从而导致地下管道系统无法正常工作[129]。近年来，HDPE管道由于耐腐蚀、成本低、易安装等特点在地下管线工程中得到了广泛的应用，而其管段之间的连接则主要采用承插式橡胶垫圈接头，如图6-1所

图6-1　HDPE双壁波纹管道的承插式橡胶垫圈接头

示（彩图见书后）。现有规范[47,49,114,115]对埋地柔性管道承插式接头的结构尺寸以及橡胶垫圈的压缩性能进行了规定，但对于管道接头在发生开裂破坏时的最大允许剪切位移以及转角位移还没有明确的规定，管道接头在地基不均匀沉降下的力学响应特征尚不明确。本章通过室内模型试验，研究 HDPE 管道承插式橡胶垫圈接头在断层引发地基错动下的力学响应特征，对比分析 HDPE 管道承口端管身和插口端管身的纵向弯曲应变分布，明确管道接头对管道管身受力变形的影响。重点考察 HDPE 管道承插式橡胶垫圈接头在断层作用下发生开裂破坏时的转角以及剪切位移，并对管道接头的力学行为进行分析，为工程设计提供试验数据支撑和理论指导依据。

6.2 模型试验材料及方案

6.2.1 试验材料

本章试验所采用的模型箱同第 5 章中的介绍（见第 5.2.1 小节）。试验管道采用公称内径为 0.6m 的 HDPE 双壁波纹管道，其由两部分组成：①长度为 2.98m 的承口端管道段；②长度为 2.7m 的插口端管道段，如图 6-2 所示。试验管道的基本参数、

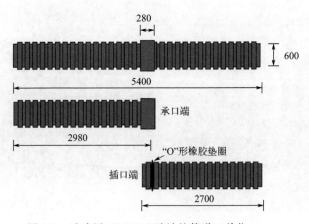

图 6-2 试验用 HDPE 双壁波纹管道（单位：mm）

管道周围填砂以及应变片、光纤、钢弦式位移计等试验仪器的介绍，详见本书第 5.2.2 小节。

6.2.2 试验方案

通过 2 组模型试验对 HDPE 管道接头在断层作用下的力学响应特征进行研究：

① 在第 1 组模型试验中，在管道接头承口端和插口端的内壁处布置粘贴 PIV 监测点，将数字照相机（型号为 Canon EOS Rebel T4i DSLR）固定安装于模型箱的侧壁（见图 6-3）以监测管道接头承口端和插口端在模型箱底板下调过程中的竖向位移，从而计算得到管道接头处的剪切位移；

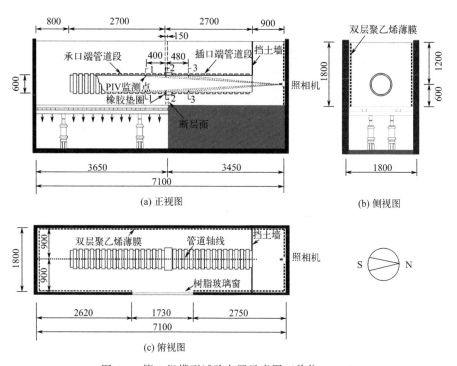

图 6-3 第 1 组模型试验布置示意图（单位：mm）

② 在第 2 组模型试验中，将试验管道两端用钢板进行密封（见图 6-4），并将真空泵与在管道一端密封钢板上安装的抽真空阀门相连通，然后对管道内部抽取负压直到试验设计值。在下调模型箱底板的过程中，对管道内部压力的变化进行实时监测，当管道内部负压出现迅速增加时表明管道接头在此时发生了开裂破坏。

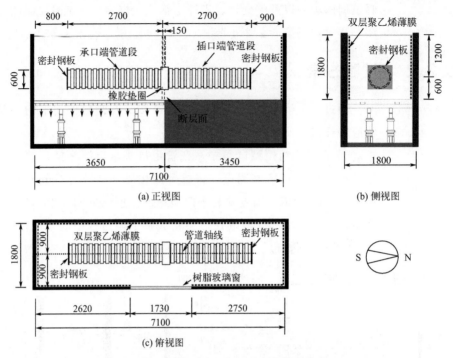

图 6-4　第 2 组模型试验布置示意图（单位：mm）

Becerril 和 Moore[158] 指出对放置在空气中由管道接头连接的承口端管身和插口端管身进行抽取负压时，管身整体会出现"轴向收缩"，从而影响管道在其接头位置处的力学性能；而当管道埋置于土体中时，由于周围土体对管道的摩擦作用，管道在内部负压作用下所产生的"轴向收缩"变形会显著减小。在本章的第 2 组模型试验中，如果管道内部负压选取过小，则可能无法及时监测到管道接头的开裂破坏；而管道内部负压如果选择过大，其势必会影响管道接头自身的力学性能。图 6-5 是埋置于土体中的管道在抽取负压之后的受力分析示意图，图中的"x"为管道端部在内部负压作用下相对于周围土体发生"轴向收缩"变形的长度。Corey 等[107] 指出在管侧土体压实作用下，管道侧向的水平向土压力应该采用被动土压力系数计算。为了计算试验管道在抽取负压后所受到周围土体的摩擦力，将管道周围的土压力分布简化为如图 6-6 所示，则管道端部外表面受到的土体摩擦力可由式(6-1)计算得到：

$$F' = \pi R \gamma H f (1 + K_p) \qquad (6\text{-}1)$$

式中 F'——管道每延米受到的土体摩擦力，kN/m；
 R——管道半径，m；
 γ——管道周围土体重度，kN/m³；
 H——管道顶部埋深，m；
 f——管土界面的摩擦系数，可用 $\tan\varphi$ 计算，φ 为管道周围土体内摩擦角，(°)；
 K_p——被动土压力系数。

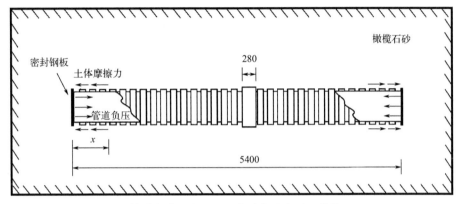

图 6-5 管道在抽取负压之后的受力示意图（单位：mm）

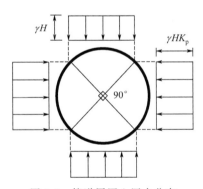

图 6-6 管道周围土压力分布

在管道内部负压作用下，管土发生相对轴向位移的长度可由式(6-2)计算得到：

$$x = \pi R^2 P'/F' \tag{6-2}$$

式中 P'——管道内部负压，kPa。

由式(6-2)可知，当管道内部压力为 -35 kPa 时，管道端部相对于周围土体发生"轴向收缩变形"的长度为 0.16m，而管道端部距管道接头的距离为 2.7m，在这种情况下，管道内压将不会对管道接头的力学性能产生影响。因此，在本章的第 2 组模型试验中，将管道的内部压力设定为-35kPa。

由第 5 章的模型试验结果可知，管道竖向挠曲变形的反弯点在断层上盘一侧距断层面 0.15m 的位置处（图 5-16），因此在本章的模型试验中，将管道截面 2（即管道接头橡胶垫圈所在位置）布置于距离模型箱断层面 0.15m 的位置处，以获取管道接头在最大剪力下的力学响应，如图 6-3 所示。沿着承口端管身和插口端管身纵向分别在管道内壁顶部、侧向和底部位置处粘贴光纤，以获取管道纵向的连续应变分布，如图 6-7 所示，并将应变片粘贴在管道截面 1 和截面 3 顶部和底部的管壁波谷位置处。

在管道截面 1、截面 2 和截面 3 处分别布置 16 个 PIV 监测点，每两个相邻监测点的圆心角间距为 22.5°，如图 6-7 所示。为了获取管道接头承口端和插口端的竖向位移，在管道截面 1、截面 2 和截面 3 之间的管侧位置处布置粘贴 PIV 监测点，而为了避免 PIV 监测点之间的相互遮挡，将其交错地布置于管侧附近，如图 6-8 所示。在管道接头处布置三个钢弦式位移计，如图 6-9 所示，以监测模型箱底板下调过程中管道接头的转角位移。图 6-10 是管道接头处 PIV 监测点以及钢弦式位移计的布置照片（彩图见书后）。

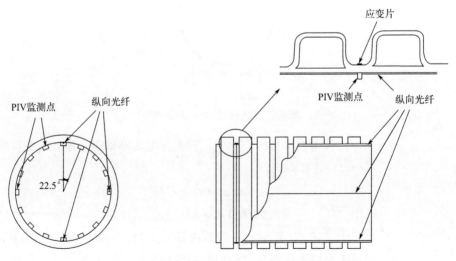

图 6-7　PIV 监测点、应变片以及光纤的布置示意图

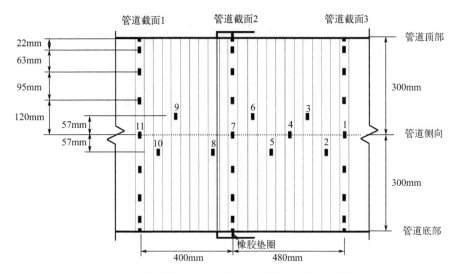

图 6-8 PIV 监测点在管道接头附近的布置示意图

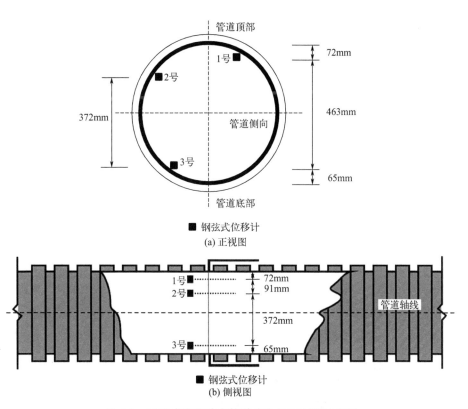

图 6-9 钢弦式位移计在管道接头处的布置示意图

第 6 章 HDPE 管道接头在断层引发地基错动下的力学响应

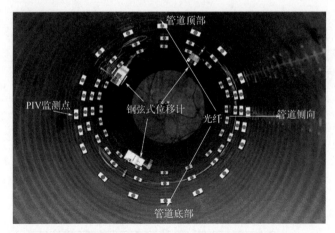

图 6-10 PIV 监测点以及钢弦式位移计在管道接头处的布置

本章的第 1 组模型试验步骤同第 5 章中对模型试验步骤的介绍（见第 5.2.3 节）。Moore 等[159]通过室内模型试验，指出 HDPE 管道在其接头位置处产生的扭转以及剪切变形在卸载之后（即管道被开挖出模型试验箱）的 24h 内可以完全恢复。因此，在第 1 组模型试验完成之后随即对试验管道进行开挖，然后将试验管道接头进行清理并重新装配后，再次进行第 2 组模型试验。对于第 2 组模型试验，在开始下调模型箱底板之前，需要先利用真空泵对试验管道进行"抽负压"，在管道内部压力达到预定的 -35kPa 后，再将整个试验装置静置 3h，以获得管道接头在未下调模型箱底板时的"负压损失速率"。对于本章的两组模型试验，在填筑过程中均采用平板振动压实机对管道周围砂土进行压实作业，第 1 组模型试验中的砂土密度和相对密实度为 1.65g/cm³ 和 86%，第 2 组模型试验中的砂土密度和相对密实度为 1.64g/cm³ 和 81%。

第 1 组模型试验总的断层错距控制为 100mm（即模型箱木制底板总的下调高度），将模型箱木制底板分 10 次进行下调（每次底板下调位移均为 10mm）。在第 2 组模型试验中，将模型箱底板每次的下调位移同样控制为 10mm，而在管道接头出现完全开裂破坏后即停止模型箱底板的下调。在两组模型试验中，在模型箱的侧壁均采用"双层聚乙烯薄膜"[153]进行布置粘贴（见图 6-3 和图 6-4），以减小回填砂土与模型箱壁之间的摩擦作用。

6.3 模型试验结果及分析

6.3.1 第1组模型试验结果

图 6-11 是模型箱底板下调 10mm 时，试验管道纵向弯曲应变沿承口端管身和插口端管身的分布图。从图中可以看出，承口端管身和插口端管身管壁波谷位置处的纵向弯曲应变大于其管壁内衬位置处的纵向弯曲应变。这是由 HDPE 双壁波纹管道在其管壁位置处发生"局部弯曲"变形所引起。从图中还可以看出，位于断层上盘的承口端管身纵向弯曲应变大于位于断层下盘插口端管身的纵向弯曲应变。这是因为位于断层上盘的承口端管身变形取决于其上覆土体的抗拔极限承载力，而位于断层下盘插口端管身变形取决于其底部土体的抗压极限承载力[72,156]，所以位于断层上盘的承口端管身受到土体的约束作用小于位于断层下盘插口端管身受到的土体约束作用。

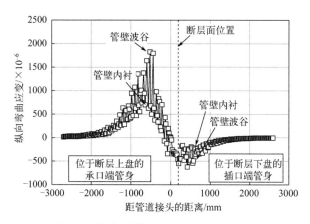

图 6-11 承口端和插口端管身在模型箱底板下调 10mm 时的纵向弯曲应变

图 6-12 是承口端管身和插口端管身纵向弯曲应变随着模型箱底板下调位移的变化。从图中可以看出，位于断层上盘承口端管身的纵向弯曲应变沿管身的分布长度（2.4m）明显大于位于断层下盘插口端管身纵向弯曲应变沿管身的分布长度

(1.5m)。这是因为承口端管身在断层上盘受到的土体约束力小于插口端管身在断层下盘受到的土体约束力。对比图 5-15 可以看出，不管是位于断层上盘的承口端管身还是位于断层下盘的插口端管身，其纵向弯曲应变均小于没有管道接头时管身的纵向弯曲应变。这是因为管道接头允许转角以及剪切位移的发生，其释放了承口端管身和插口端管身在断层作用下产生的部分弯曲应力。

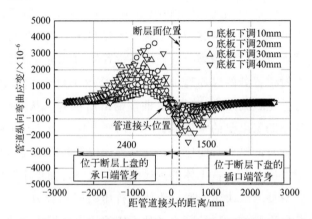

图 6-12　承口端和插口端管身纵向弯曲应变随模型箱底板下调位移的变化

图 6-13 是通过 PIV 监测点获得的承口端管身和插口端管身在管道接头附近处的竖向位移随模型箱底板下调位移的变化。从图中可以看出，位于断层上盘承口端管身的竖向位移在距离管道接头橡胶垫圈 0.4m 的范围内沿管身纵向呈线性分布，且明显大于位于断层下盘的插口端管身竖向位移。由于承口端管身和插口端管身之间的相互剪切作用力发生在管道接头的橡胶垫圈处[159]，为了计算管道接头处的剪切位移，必须获取承口端管身在橡胶垫圈位置处的竖向位移，而插口端管身在橡胶垫圈位置处的竖向位移则可以直接由 PIV 监测点得到。对通过 PIV 监测点获得的位于断层上盘承口端管身距离管道接头橡胶垫圈 0.4m 范围内的竖向位移利用线性函数进行拟合分析，如图 6-13 所示，以获取承口端管身在橡胶垫圈位置处的竖向位移。管道接头的剪切位移可以用式(6-3)计算：

$$\delta_J = \delta_B - \delta_S \tag{6-3}$$

式中　δ_J——管道接头的剪切位移，mm；

δ_B——承口端管身在橡胶垫圈处的竖向位移，mm；

δ_S——插口端管身在橡胶垫圈处的竖向位移，mm。

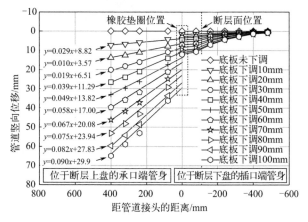

图 6-13 承口端和插口端管身竖向位移随模型箱底板下调位移的变化

承口端管身和插口端管身在橡胶垫圈处的竖向位移以及管道接头的剪切位移见表 6-1。图 6-14 是管道接头剪切位移随着模型箱底板下调位移的变化。从图中可以看出，管道接头剪切位移随着模型箱底板下调位移的增加呈现出线性增长。

表 6-1 管身竖向位移及管道接头剪切位移

底板下调位移/mm	δ_B/mm	δ_S/mm	δ_J/mm
10	1.66	3.57	1.91
20	2.70	6.51	3.81
30	3.51	8.82	5.31
40	4.60	11.29	6.69
50	5.65	13.82	8.17
60	7.15	17.03	9.88
70	8.46	20.08	11.62
80	10.07	23.94	13.87
90	11.19	27.83	16.64
100	12.08	29.90	17.82

图 6-15 是利用光纤监测得到的承口端管身和插口端管身侧向应变（即轴向应变）随模型箱底板下调位移的变化。从图中可以看出，位于断层上盘承口端管身的轴向应变沿管身的分布范围明显大于位于断层下盘插口端管身轴向应变沿管身的分布范围。

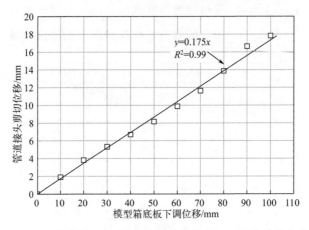

图 6-14　管道接头剪切位移随着模型箱底板下调位移的变化

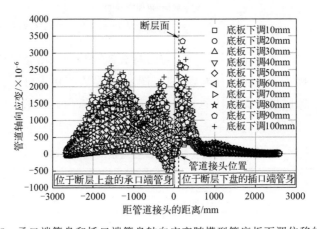

图 6-15　承口端管身和插口端管身轴向应变随模型箱底板下调位移的变化

这是因为承口端管道在断层上盘一侧受到的土体约束力小于插口端管身在下盘一侧受到的土体约束力。

图 6-16 是管道顶部（外表面）、顶部（内表面）、侧向、底部（内表面）和底部（外表面）的纵向应变监测点位置及其在管道截面 1 和截面 3 内随模型箱底板下调位移的变化。从图中可以看出，当模型箱底板的下调位移从 10mm 增加到 50mm 时，管道顶部（内表面）、侧向和底部（内表面）的纵向应变在承口端管身截面 1 处逐渐由线性分布变为非线性分布。而当模型箱底板的下调位移从 10mm 增加到 40mm 时，管道顶部（内表面）、侧向和底部（内表面）的纵向应变在插口端管身截面 3 内始终为线性分布。这表明承口端管身截面 1 在模型箱底板下调过程中发生

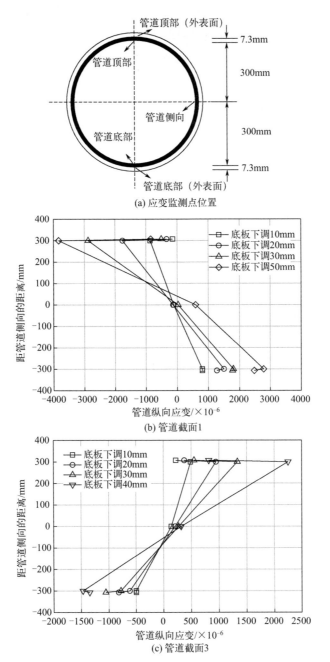

图 6-16 管道纵向应变监测点位置及其在承口端管身截面 1 和插口端管身截面 3 内的分布

了横截面"翘曲"变形(即管道截面 1 顶部、侧向和底部不再处于同一个平面内)。这是因为承口端管身在断层上盘受到的土体约束力小于插口端管身在断层下盘受到的土体约束力,从而无法约束管道在承口端管身截面 1 处发生的横截面翘曲变形。从图中还可以看出，管道纵向应变在承口端管身截面 1 和插口端管身截面 3 顶部（外表面）到顶部（内表面）以及底部（内表面）到底部（外表面）的分布在模型箱底板下调位移较小时（即 10mm）即表现为高度非线性，这是由 HDPE 双壁波纹管道在其管壁处的"局部弯曲"变形所引起。

图 6-17 是承口端管身截面 1、管道接头截面 2 和插口端管身截面 3 的竖向和水平向挠曲变形随着模型箱底板下调位移的变化。图中管道挠曲变形的正负值分别代表管道水平向和竖向直径的增大和减小。由于承口端管身截面 1 底部的 PIV 监测点在模型箱底板的下调位移为 30mm 时被插口端管身所遮挡，所以没有获取承口端管身截面 1 在模型箱底板下调位移大于 30mm 之后的竖向挠曲变形。从图中可以看出，承口端管身截面 1、管道接头截面 2 和插口端管身截面 3 处的竖向和水平向直径分别随着模型箱底板的下调减小和增大，而两者的挠曲变形量基本一致。承口端管身截面 1 在模型箱底板下调位移为 100mm 时的水平向挠曲变形百分比为 2.45％，而管道接头截面 2 的竖向和水平向挠曲变形百分比分别为 2.27％和 2.56％，其均明显大于插口端管身截面 3 的竖向和水平向挠曲变形百分比（0.17％和 0.39％）。这表明在断层作用下，位于断层上盘的承口端管身截面 1 和位于断层面附近的管道接头截面 2 是管道发生挠曲变形破坏的"最危险截面"。对比图 5-19 可以看出，承口端管身截面 1 的水平向挠

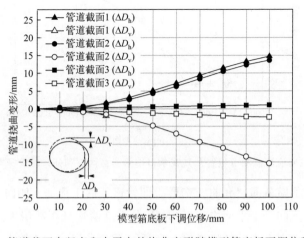

图 6-17 管道截面在竖向和水平向的挠曲变形随模型箱底板下调位移的变化

曲变形明显大于没有管道接头时管身截面 1 处的挠曲变形。这是因为断层面处的土体剪切位移在从底部传递到顶部的过程中会逐渐倾斜于断层的上盘，从而使土体对承口端管身截面的"侧向支持作用"减弱；同时在模型箱底板的下调过程中，管道接头的扭转开裂减弱了承口端管身对上覆土体荷载的承载能力，进而导致管道在承口端管身截面 1 处发生了较大的挠曲变形。

图 6-18 为利用钢弦式位移计对管道接头转角的计算原理图。管道接头转角可由式(6-4) 计算得到：

$$\tan\theta = \frac{A'A - C'C}{AC} \approx \frac{(A''B - AB) - (C''D - CD)}{AC} \quad (6-4)$$

式中　　　　　　θ——管道接头转角，(°)；

$A''B - AB$，$C''D - CD$——钢弦式位移计的拉伸长度，mm；

AC——钢弦式位移计之间的竖向距离，mm。

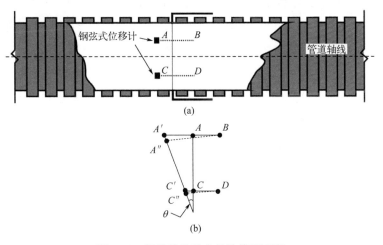

图 6-18　管道接头转角的计算原理图

图 6-19 是利用钢弦式位移计 1 号和 3 号以及钢弦式位移计 2 号和 3 号计算得到的管道接头转角随模型箱底板下调的变化。从图中可以看出，利用钢弦式位移计 1 号和 3 号以及钢弦式位移计 2 号和 3 号计算得到的管道接头转角均随着模型箱底板的下调呈现出阶梯式增长。而随着模型箱底板下调位移的增加，利用钢弦式位移计 1 号和 3 号计算得到的管道接头转角逐渐大于利用钢弦式位移计 2 号和 3 号计算得到的管道接头转角。

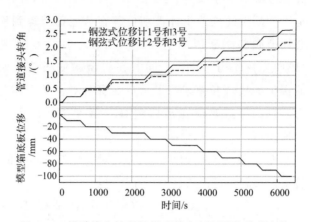

图6-19 管道接头转角随模型箱底板下调位移的变化

图6-20是钢弦式位移计1号和3号以及2号和3号之间竖向距离的减小量随模型箱底板下调位移的变化。钢弦式位移计1号、2号和3号的竖向位移均由PIV监测点得到（见图6-21）。从图6-20中可以看出，在模型箱底板的下调过程中，钢弦式位移计1号和3号之间竖向距离的减小量大于钢弦式位移计2号和3号之间竖向距离的减小量，而由于钢弦式位移计2号和3号之间竖向距离在模型箱底板下调过程中的变化量相对较小，则通过其得到的管道接头转角计算误差也相对较小。因此，在本章之后关于管道接头转角的分析讨论中，均采用通过钢弦式位移计2号和3号监测得到的试验数据。

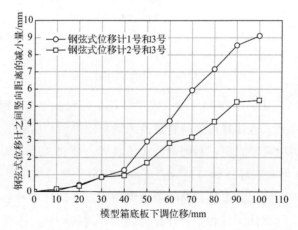

图6-20 钢弦式位移计1号和3号以及2号和3号之间竖向距离的减小量随模型箱底板下调位移的变化

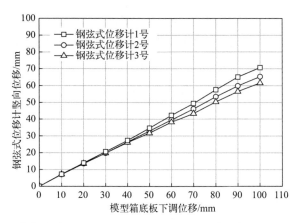

图 6-21　钢弦式位移计 1 号、2 号和 3 号竖向位移随模型箱底板下调位移的变化

6.3.2　第 2 组模型试验结果

图 6-22 是利用真空泵对试验管道内部抽取负压之后，管道内部负压在未下调模型箱底板时随时间的损失情况。从图中可以看出，由管道接头连接的承口端管身和插口端管身的内部负压从 -35kPa 降为 -26.4kPa 的时间为 50min，即负压损失速率为 0.172kPa/min。

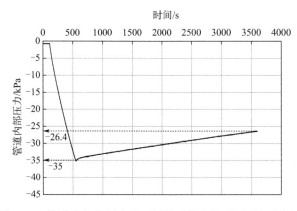

图 6-22　管道内部负压在未下调模型箱底板时随时间的损失

图 6-23 是试验管道内部负压在下调模型箱底板过程中随时间的变化情况（彩图见书后）。从图中可以看出，试验管道内部负压在模型箱底板下调高度为 19.4mm 时第 1 次出现了急剧的下

降（负压损失率为 95.4kPa/min），然而当再次对试验管道抽取负压后，管道内部负压损失率又恢复到了 0.172kPa/min。这是因为橡胶垫圈在管道接头的扭转过程中由于应力释放而发生了一定程度的体积膨胀，封堵住了在管道接头处出现的微小裂缝。当继续下调模型箱底板位移到 24.7mm 时，管道内部负压出现了第 2 次急剧下降，其负压损失率为 164.1kPa/min，明显大于管道接头在第一次开裂时所引起的管道内部负压损失率（95.4kPa/min）。当管道负压降为 0kPa 后，再次对于管道内部抽取负压，然而此时的管道内部负压只能维持在 −0.5kPa 左右，这表明管道接头出现了最终的开裂破坏。

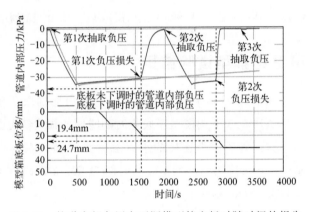

图 6-23 管道内部负压在下调模型箱底板时随时间的损失

6.3.3 管道接头开裂破坏时的转角和剪切位移

由上述分析可知，当模型箱底板的下调位移为 19.4mm 时，试验管道接头发生了第 1 次开裂，而当模型箱底板位移继续下调到 24.7mm 时，试验管道接头发生了最终的开裂破坏。因此，根据由第 1 组模型试验得到的管道接头转角和剪切位移随模型箱底板下调的变化曲线，可以得到试验管道接头在第 1 次和第 2 次发生开裂破坏时的转角和剪切位移，如图 6-24 和图 6-25 所示。从图中可以看出，试验管道接头在第 1 次发生开裂时的转角和剪切位移分别为 0.44° 和 3.40mm，其在第 2 次发生最终开裂破坏时的转角和剪切位移为 0.58° 和 4.32mm（表 6-2）。

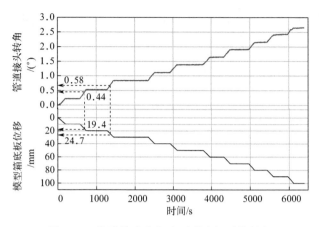

图 6-24 管道接头在发生开裂破坏时的转角

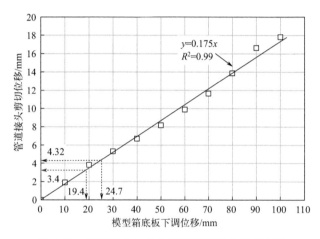

图 6-25 管道接头在发生开裂破坏时的剪切位移

表 6-2 管道接头发生开裂破坏时的转角和剪切位移

负压损失位置	管道接头转角/(°)	管道接头剪切位移/mm
第 1 次管道内部负压损失	0.44	3.40
第 2 次管道内部负压损失	0.58	4.32

6.3.4 管道接头处的剪力计算

管道接头剪力是指承口端管身和插口端管身在管道接头橡胶垫圈处的相互剪切作用力[159]。图 6-26 是承口端管身和插口端管身在模型箱底板下调过程中的受力分析示意图。

第 6 章 HDPE 管道接头在断层引发地基错动下的力学响应　177

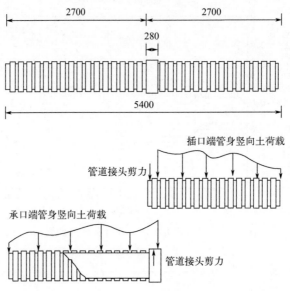

图 6-26　管道受力分析示意图（单位：mm）

管身竖向土荷载为上覆土压力和底部土体对管身支撑力的合力

取插口端管身作为研究对象，如图 6-27 所示。采用四次多项式对插口端管身竖向土体荷载沿管身的分布进行计算分析：

$$f(x)=ax^4+bx^3+cx^2+dx+e \tag{6-5}$$

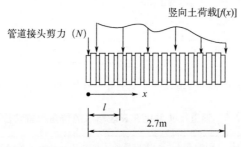

图 6-27　插口端管身受力示意图

式中　$f(x)$——插口端管身竖向土体荷载（管身上覆土荷载和底部土体对其竖向支撑力的合力），kN；

a, b, c, d, e——待求常数。

管道接头插口端剪力（N）可用式(6-6)计算：

$$N=\int_0^{2.7} f(x)\mathrm{d}x \tag{6-6}$$

距离管道接头 l 处的插口端管身弯矩（M）可用式(6-7)计算：

$$M = \int_{l}^{2.7} f(x)(x-l)\mathrm{d}x \qquad (6-7)$$

选取插口端管身 5 个管壁波谷位置处的纵向弯曲应变（由于波谷处的管壁较厚，其受到管壁"局部弯曲"的影响较小），见表 6-3，将其代入式(6-8)以计算管道在相应位置处的弯矩，再代入式(6-7)计算插口端管身竖向土体荷载沿管身纵向的分布，进而通过式(6-6)计算得到管道接头处剪力，见表 6-4。

$$M = \frac{2E_\mathrm{p} I_\mathrm{p} \varepsilon_\mathrm{b}}{D} \qquad (6-8)$$

式中　E_p——管道的弹性模量，kPa；

　　　I_p——管道横向截面惯性矩，m^4；

　　　ε_b——管道弯曲应变；

　　　D——管道直径，m。

表 6-3　插口端管身管壁波谷处纵向弯曲应变

底板下调位移/mm	距离管道接头的长度/m					
	0.12	0.42	0.72	1.02	1.26
	管壁波谷处纵向弯曲应变/$\times 10^{-6}$				
10	−356	−623	−347	−146	−98
20	−591	−1115	−644	−275	−162
30	−842	−1642	−912	−382	−217
40	−1248	−2418	−1357	−514	−290

表 6-4　管道接头处剪力

底板下调位移/mm	a	b	c	d	e	管道接头剪力/kN
10	−5.72	37.24	−85.20	79.40	−24.40	4.68
20	−10.54	67.75	−153.20	142.00	−43.85	8.54
30	−20.03	124.78	−272.40	243.10	−72.50	13.75
40	−19.58	130.50	−306.50	294.20	−93.44	18.50

注：a，b，c，d，e 为式(6-5)中的待求常数。

图 6-28 为插口端管身竖向土体荷载沿插口端管身的分布。从图中可以看出，插口端管身在距管道接头 0.5m 范围内受到的竖向土体荷载随着模型箱底板下调位移的增加而逐渐增大，而在插口端管身距管道接头 0.5m 以外的位置处受到的竖向土体荷载

近似为零。这是因为插口端管身位于断层下盘,其在距管道接头0.5m范围内的竖向位移随着模型箱底板的下调(管身与管基土体的相互挤压作用逐渐加剧)而逐渐增大,如图6-13所示,而插口端管身在距管道接头0.5m以外位置处的竖向位移在模型箱底板下调过程中近似为零。

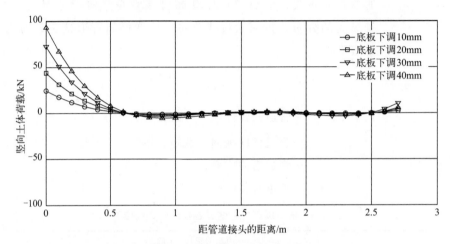

图6-28 管道所受竖向土体荷载沿插口端管身的分布

图6-29为管道接头剪力随模型箱底板下调位移的变化。从图中可以看出,管道接头剪力随着模型箱底板下调位移的增加而呈现线性增长,管道接头在第1次和第2次发生开裂破坏时的剪力分别为8.87 kN和11.27 kN。

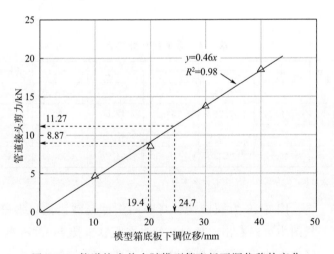

图6-29 管道接头剪力随模型箱底板下调位移的变化

图 6-30 为管道接头剪力与管道接头剪切位移的变化关系图。从图中可以看出，管道接头剪力与剪切位移存在着良好的线性关系，表明管道接头在发生开裂破坏时，其剪切变形仍处于弹性变形范围内。

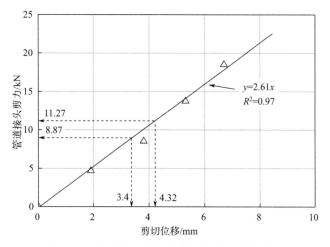

图 6-30　管道接头剪力与剪切位移的变化关系

6.4　本章小结

通过室内模型试验，研究了埋地 HDPE 管道承插式橡胶垫圈接头在断层作用下的力学响应特征，分析了承口端管身和插口端管身纵向应变的变化，考察了管道横截面在竖向和水平向的挠曲变形。利用真空泵对管道内部抽取负压，通过监测管道内部负压在模型箱底板下调过程中的变化，获取了管道接头在发生开裂破坏时的转角以及剪切位移。得到以下主要结论：

① 由于 HDPE 双壁波纹管道在其管壁位置处的"局部弯曲"变形，承口端管身和插口端管身管壁波谷位置处的纵向弯曲应变大于其管壁内衬位置处的纵向弯曲应变。位于断层上盘承口端管身纵向弯曲应变和轴向应变沿管身纵向的分布范围均大于位于断层下盘插口端管身处。这是因为承口端管身在断层上盘处受到的土体约束力小于插口端管身在断层下盘处受到的土体约束力。

② 位于断层上盘的承口端管身和位于断层下盘的插口端管身在模型箱底板下调过程中的纵向弯曲应变均小于没有管道接头时管身的纵向弯曲应变，这是因为管道接头允许发生一定的转角以及剪切位移，其释放了在断层作用下管身的部分弯曲应力。

③ 位于断层上盘的承口端管身截面与位于断层面附近的管道接头截面均是管道发生挠曲变形破坏的"最危险截面"。承口端管身截面的水平向挠曲变形大于没有管道接头时相应截面位置处的挠曲变形。这是因为断层面处的土体剪切位移在从底部传递到顶部的过程中会逐渐倾斜于断层上盘，从而减弱了管道周围土体对位于断层上盘承口端管身的"侧向支持作用"，同时在模型箱底板的下调过程中，管道接头的扭转开裂使得承口端管身对上覆土体的承载力有所减弱，进而导致管道在承口端管身截面处发生了较大的挠曲变形。

④ 在断层引发地基错动下，HDPE 管道接头第 1 次发生开裂时的转角和剪切位移为 0.44°和 3.40mm，第 2 次发生最终开裂破坏时的转角和剪切位移分别为 0.58°和 4.32mm。通过对管道接头的剪力进行计算，发现管道接头在发生开裂破坏时，其剪切变形仍处于弹性变形阶段。

第 7 章 结论与展望

7.1 本书主要成果及特点

本书以埋地 HDPE 管道在地基不均匀沉降下的力学响应特征为研究对象,通过将现场试验、数值模拟分析、室内模型试验与理论计算分析相结合的方法,研究了 HDPE 管道在施工回填过程中的受力变形特征,明确了其在回填结束后的应力应变状态;研究了 HDPE 管道在地基局部不均匀沉降下的力学响应特征,提出了土工合成材料在管道周围加筋铺设的设计方法;探讨了 HDPE 管道管身和接头在断层引发地基错动下的受弯以及剪力传递机制。主要取得以下研究成果:

① 通过现场试验,研究了 HDPE 管道在施工回填阶段的受力变形,基于数值参数敏感性分析,提出了管道顶部和侧向土压力以及竖向和水平向挠曲变形的计算公式。利用土体自重应力以及 AASHTO 规范计算得到的管道顶部土压力比现场实测值分别大 7%~36% 和 8%~42%。在管侧填土的压实过程中,HDPE 管道竖向直径增大,而水平向直径减小,呈现出"竖向椭圆"的挠曲变形,其减小了管道在上覆填土作用下的挠曲变形,从而改善了管道在服役期间的工作性能。管道顶部和侧向土压力可用下式计算:$P_{top} = [0.12 + 0.88\exp(-0.65H/B)]\gamma H$,$P_{Hsp} = [0.87 + 0.16\ln(H/B + 0.01)]\gamma H$($H/B \leqslant 1.0$)和 $P_{Hsp} =$

$[0.14+1.2\exp(-0.5H/B)]\gamma H(H/B>1.0)$。当填土高度小于管道顶部时，管道竖向和水平向挠曲变形可用下式计算：

$$\Delta y/D = -\Delta x/D = (0.05S_f+33)\eta H'/(10000D)。$$

当填土高度大于管道顶部时，管道的竖向和水平向挠曲变形可用下式计算：

$$\Delta x/D = [-0.03S_f+3.4+(0.02S_f+29.6)]e^{\gamma H/20}\eta/10000$$

和 $\Delta y/D = [-0.03S_f+23.4+(0.02S_f+9.6)]e^{\gamma H/20}\eta/10000$。

② 研究了HDPE管道在地基局部不均匀沉降下上覆土压力的变化规律，提出了基于"三向土拱效应"的管道上覆土压力计算方法，分析了管道上覆土层中的沉降分布规律，探讨了管道竖向挠曲变形与填土表面沉降变形的关系。管道在地基不均匀沉降下的上覆土压力是管道横截面方向和纵截面方向上所引发的土拱效应相互叠加作用的结果，也即"三向土拱效应"；基于此，提出了"三向土拱土压力计算方法"，其可为工程设计提供一种偏于安全保守的计算方法。土体沉降槽体积随着沉降槽深度的增加而逐渐增大。管道变形曲线体积随着管道纵向弯曲刚度的增加而减小，而随着管道埋深的增加而增大。填土表面沉降槽体积与管道变形曲线体积存在着良好的线性关系，且线性斜率随着管道纵向弯曲刚度的增加而减小，而随着管道埋深的增加而增大。

③ 通过模型试验，研究了土工合成材料（土工布和土工格栅）对HDPE管道在地基局部不均匀沉降下的加筋保护，揭示了土工合成材料、管道和管道周围土体三者之间的相互作用机理。在管道底部铺设土工布可以有效地减小管道顶部土压力随着模型箱底板下调的增加，而在管道顶部铺设土工布反而会增加管道顶部土压力。在管道顶部和底部铺设土工布均可以有效地减小填土表面的沉降位移。由于砂土颗粒可以穿过土工格栅表面的开口，所以在管道底部铺设土工格栅不能够有效减小管道周围土体的不均匀沉降，进而不能有效减小管道顶部土压力的增加。在管道底部铺设土工布和土工格栅均可以减小管道在模型箱底板下调过程中的竖向变形以及环向变形，而在管道顶部铺设土工布不但不能够减小管道的竖向变形及其环向挠曲变形，反而会使其增大。

④ 通过数值模拟，研究了土工布的拉伸刚度、加筋位置以及加筋层数对管道竖向挠曲变形的影响，提出了土工布在管道周围

加筋铺设的设计方法。当管道顶部埋深为我国规范规定的最小覆土厚度（0.7m）时，对土工布在管道底部进行单层加筋铺设，其拉伸刚度的优选范围为$\chi\sim200\text{kN/m}$，其中，χ的取值与土体的不均匀沉降量和管道的纵向弯曲刚度有关。与在管道底部进行单层土工布铺设相比，将拉伸刚度为200kN/m的土工布在管道底部进行双层或者三层铺设，并不能显著提高其对埋地管道的加筋保护效果。当土工布宽度/管道直径≥3时，管道的竖向挠曲变形趋于恒定。

⑤ 研究了HDPE管道在断层引发地基错动下的力学响应特征，分析了管道应变沿管身纵向的分布变化规律。HDPE双壁波纹管道在管壁波谷位置处的纵向弯曲应变大于管壁内衬处的纵向弯曲应变，其纵向弯曲应变和轴向应变在断层上盘一侧沿管身的分布范围大于其在下盘一侧沿管身的分布范围。HDPE双壁波纹管道顶部（内表面）、侧向和底部（内表面）的纵向应变随着模型箱底板的下调逐渐从线性分布变为非线性分布，而在位于断层面附近的管道截面处尤为明显。HDPE管道在断层作用下发生挠曲变形破坏的最危险截面位于断层面附近。

⑥ 研究了HDPE管道接头及其管身在断层引发地基错动下的受弯以及剪力传递机制，明确了管道接头在发生开裂破坏时的剪切弯曲性能。位于断层上盘承口端管身处的纵向弯曲应变及其轴向应变沿管身的分布范围大于位于断层下盘处的插口端管身处。位于断层上盘承口端管身和位于断层下盘插口端管身的纵向弯曲应变均小于没有管道接头时管身的纵向弯曲应变。位于断层上盘的承口端管身和位于断层面附近处的管道接头均易发生较大的截面挠曲变形。HDPE管道接头在断层作用下第1次发生开裂时的转角和剪切位移为0.44°和3.40mm，在第2次发生最终开裂破坏时的转角和剪切位移分别为0.58°和4.32mm。通过计算管道接头的剪力，明确了管道接头在发生开裂破坏时，其剪切变形仍处于弹性变形阶段。

本书具有以下特点：

① 提出了在施工回填过程中，HDPE管道顶部和侧向土压力以及竖向和水平向挠曲变形的计算公式。

② 建立了基于"三向土拱效应"的"三向土拱土压力计算方法"，为HDPE管道在地基局部不均匀沉降下上覆土压力的计

算提供了一种偏于安全保守的计算方法。

③ 提出了在地基局部不均匀沉降下，土工合成材料在 HDPE 管道周围加筋铺设的设计方法。

④ 揭示了 HDPE 管道承插式橡胶垫圈接头在断层引发地基错动下的开裂破坏机理。

7.2 未来研究方向展望

本书主要针对 HDPE 管道在地基不均匀沉降条件下的力学响应特征进行了研究，然而由于在地基不均匀沉降条件下管土相互作用的复杂性以及作者对于本课题理解的局限性，书中内容还存在着诸多不足之处，需要后续工作进一步去完善：

① 在本书的模型试验中，统一采用密度均匀的砂土作为管道的回填料，而在我国的规范[47]中，对管道周围不同区域的回填土有不同的压实度要求（即回填土体在不同区域拥有不同的密度），针对管道周围回填土体密度不同的情况有必要在后续的工作中开展。

② 针对 HDPE 管道在地基不均匀沉降条件下上覆土压力的计算，本书所提出的"三向土拱土压力计算方法"没有考虑管道变形与土体不均匀沉降之间相互耦合变形的影响，同时假定管道上方不同区域土体滑动面上的剪应力完全被激发（即等于土体抗剪强度），使得其计算结果与模型试验实测值存在一定的误差，在以后的工作中需要对此做进一步的修正。

③ 针对 HDPE 管道在断层引发地基错动下受力变形的研究中，本书所采用的模型试验只是针对断层倾角为 90°（即断层面垂直于地面）的情况，而在工程实际中的断层面多倾斜于地面，后续有必要针对这一情况进行研究分析。针对断层引发地基错动下采用土工合成材料对 HDPE 管道加筋保护的研究、基于振动台的模型试验研究以及考虑地下水对埋地管道影响的研究，有必要进一步开展。

附　录

附录 A　文中主要参数符号含义

符号	定义	定义式
a	管道顶部集中荷载与底部支撑点之间的距离	(5-1)
A	每延米管壁纵截面面积	(2-11)
b	管道底部支撑点之间的距离	(5-1)
B	沟槽宽度	(2-18)
C_c	曲率系数	
C_d	管道上覆土体荷载系数	(2-18)
C_u	不均匀系数	
d_{10}	有效粒径	
d_{30}	中值粒径	
d_{60}	限制粒径	
D	管道直径	(2-12)
D_L	变形滞后修正系数	(2-17)
E	土体弹性模量	(2-3)
E_0	土体初始弹性模量	(2-3)
$E_{increment}$	土体弹性模量随单位填土高度的增加量	(2-3)
E_p	管道弹性模量	(2-1)
E'	土体反力模量	(2-17)
f	管土界面的摩擦系数	(6-1)
f'	管道材料表面修正系数	(5-7)
F	施加在管道顶部的集中荷载	(5-1)
F'	管道每延米受到的土体摩擦力	(6-1)
H	管道顶部填土高度	(2-8)
H'	管底填土高度	(2-29)
H_s	管道侧向埋深	(5-7)
i	土体沉降槽曲线的宽度系数	(3-1)
i_p	管道变形曲线宽度系数	(3-7)
I	每延米管壁纵向截面惯性矩	

续表

符号	定义	定义式
I_p	管道横向截面惯性矩	(3-6)
I_s	土体横向截面惯性矩	(3-6)
k	侧向土压力系数	(3-9)
k_0	静止侧向土压力系数	(5-7)
K	管基修正系数	(2-17)
K_2	管道环向变形修正系数	(2-9)
K_p	被动土压力系数	(2-4)
K_n	回填土体压实变形修正系数	(2-5)
$K_{\gamma E}$	管道施工回填装配系数	(2-9)
L	图 3-30 中区域 B' 的宽度	(3-15)
L'	图 3-30 中区域 A' 的宽度	(3-20)
L_1	图 3-33 中区域 B'' 的宽度	(3-25)
L_1'	图 3-33 中区域 C'' 的宽度	(3-29)
M	管道纵向弯矩	(5-4)
M_s	土体侧限压缩模量	(2-2)
N	管道接头剪力	(6-6)
N_q	计算 Q_d 时的修正系数	(5-10)
N_{qv}	计算 Q_u 时的修正系数	(5-9)
N_γ	计算 Q_d 时的修正系数	(5-10)
P	土压力	(2-8)
P'	管道内部负压	(6-2)
P_1	第 1 次下调底板时管道截面 1 顶部土压力	(3-19)
P_1'	第 2 次下调板时管道截面 1 顶部土压力	(3-26)
P_2	第 1 次下调底板时管道截面 2 顶部土压力	(3-17)
P_2'	第 2 次下调板时管道截面 2 顶部土压力	(3-29)
P_c	管道侧向土体压实而产生的水平向作用力	(2-15)
P_{Hsp}	管侧土压力	(2-27)
P_s	管道服役期上覆压力	(2-22)
P_{sp}	管道上覆填土自重应力	(2-9)
PS	管道环刚度	(2-16)
PS_H	管道环向压缩刚度	(2-20)
P_{top}	管道顶部土压力	(2-26)
Q_d	管道相对于土体向下运动时受到的土体约束力	(5-10)
Q_u	管道相对于土体向上运动时受到的土体约束力	(5-8)
R	管道半径	(2-6)
R_{inter}	管土界面的强度参数	
S_b	管土相对纵向弯曲刚度	(3-6)
S_f	管土相对刚度	(2-7)
S_{max}	土体最大沉降量	(3-1)
S_p	管道竖向挠曲变形	(4-4)
S_{pmax}	管道最大竖向挠曲变形	
t	加载时间	(2-1)
T_u	管道相对于周围土体发生轴向位移时受到土体约束力	(5-7)
ν	泊松比	(2-2)

续表

符号	定义	定义式
VAF	土拱率	(2-8)
VAF_{top}	管顶土拱率	(2-23)
VAF_{Hsp}	管侧土拱率	(2-24)
V	第1次下调底板时在管道横截面方向上的上覆土荷载	(3-11)
V'	第1次下调底板时管道在区域 B' 范围内的上覆土荷载	(3-15)
V''	第1次下调底板时由区域 B' 转移到区域 A' 的土体荷载	(3-19)
V_1	第2次下调底板时在管道横截面方向上的上覆土荷载	(3-22)
V'_1	第2次下调底板时管道在区域 B'' 范围内的上覆土荷载	(3-25)
V''_1	第2次下调底板时由区域 B'' 和 D'' 转移到区域 C'' 的土荷载	(3-28)
V_p	管道变形曲线体积	(3-7)
V_s	土体沉降槽体积	(3-5)
w	土体沉降区域宽度	(3-9)
w_L	液限	
w_{op}	最优含水率	
w_P	塑限	
W_c	管道上覆土体荷载	(2-17)
x_0	修正逻辑函数反弯点的位置	(5-5)
z	填土高度	(2-3)
α	沉降变形曲线的形状系数	(3-4)
γ	土体重度	(2-8)
δ	断层错距	(5-5)
δ_B	承口端管身在橡胶垫圈处的竖向位移	(6-3)
δ_J	管道接头的剪切位移	(6-3)
δ_S	插口端管身在橡胶垫圈处的竖向位移	(6-3)
ΔD_v	管道竖向直径的变化量	(2-13)
ΔD_h	管道水平向直径的变化量	(2-14)
ε_b	管道纵向弯曲应变	(4-4)
ε_b^h	管道环向弯曲应变	(4-3)
ε_c	管道顶部纵向应变	(5-3)
ε_{cr}	管壁波峰处的环向应变	(4-2)
ε_h	管道环向压应变	(4-2)
ε_i	管道底部纵向应变	(5-3)
ε_{sc}	管道服役期压缩应变	(2-21)
ε_v	管壁波谷处的环向应变	(4-2)
η	土体压实机械修正系数	(2-29)
θ	管道接头转角	(6-4)
γ_{EV}	管道上覆土体自重应力修正系数	(2-9)
η_{EV}	管道顶部土压力修正系数	(2-9)
κ	修正逻辑函数形状系数	(5-5)
μ	摩擦系数	(3-8)
ρ	管道竖向挠曲变形曲率半径	(4-4)
σ_v	管侧回填土的竖向应力	(2-4)
φ	土体内摩擦角	(5-7)
φ_s	土体刚度修正系数	(2-11)
χ	土工布在管道底部单层加筋铺设时的拉伸刚度优先下限	

附录B "三向土拱土压力计算方法"的算法流程图

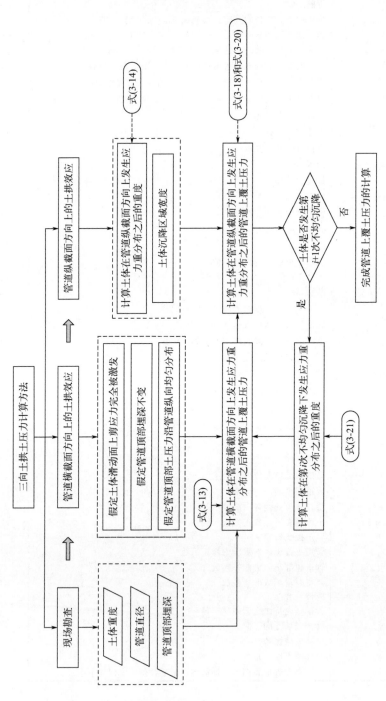

附录 C "三向土拱土压力计算方法"的假定条件

(1) 假定管道上方不同区域土体滑动面上的剪应力完全被激发 (即剪应力等于土体抗剪强度)

基于这一假定，可采用刚体极限平衡理论对管道上方不同区域土体中的微分体单元进行力学平衡分析，如正文图 3-28 和图 3-29 所示：

$$V + \mathrm{d}V = V + \gamma D \mathrm{d}H + 2k\mu \frac{V}{D}\mathrm{d}H \qquad (3\text{-}11)$$

式中 V——管道的上覆土荷载，kN/m；

γ——土体重度，kN/m³；

D——管道直径，m；

k——侧向土压力系数；

μ——摩擦系数；

H——管道顶部埋深，m。

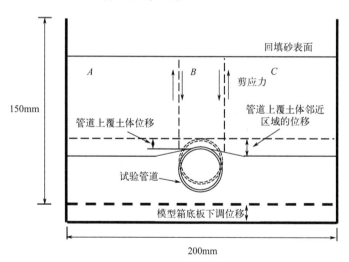

图 3-28 在管道横截面方向上诱发的土体不均匀沉降

(2) 假定在模型箱底板下调过程中，管道顶部埋深不变

基于这一假定，可对第 1 次模型箱底板下调时，在管道横截

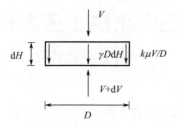

图 3-29 管道上方土体区域 B 中微分体单元的受力分析

面方向发生应力重分布（即负土拱效应）之后的管道截面 2 上覆土体重度进行计算：

$$\gamma' = \frac{V}{HD} \tag{3-14}$$

(3) 假定管道顶部土压力沿管道纵向均匀分布

基于这一假定，可对管道截面 2 和截面 1 在第 1 次模型箱底板下调时的顶部土压力进行计算，如图 3-30 所示。

$$P_2 = \frac{V'}{L} \tag{3-18}$$

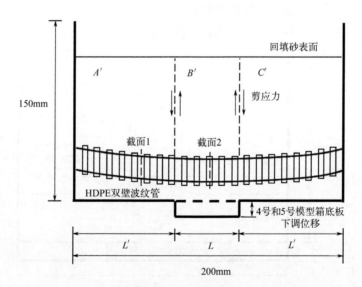

图 3-30 在管道纵截面方向上诱发的土体不均匀沉降

式中 P_2——管道截面 2 顶部土压力，kN/m^2；

V'——管道在区域 B' 宽度范围内的上覆土荷载，kN/m；

L——区域 B' 的宽度，m。

$$P_1 = \gamma H + \frac{V''}{L'} \quad (3\text{-}20)$$

式中 P_1——管道截面 1 顶部土压力，kN/m²；

V''——由区域 B' 转移到区域 A' 的土体荷载，kN/m；

L'——区域 A' 的宽度，m。

附录 D 土工布对管道加筋保护的部分数值模拟结果

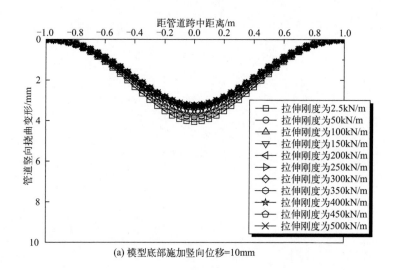

(a) 模型底部施加竖向位移=10mm

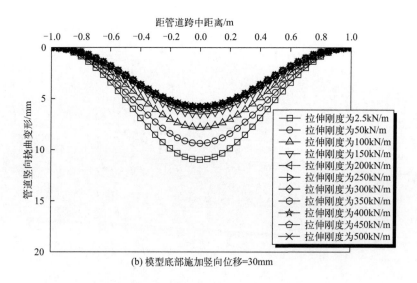

(b) 模型底部施加竖向位移=30mm

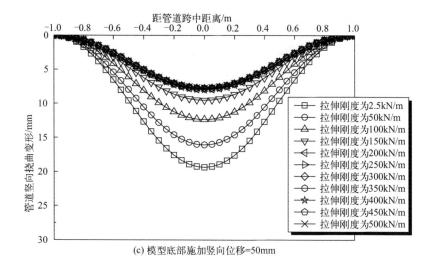

(c) 模型底部施加竖向位移=50mm

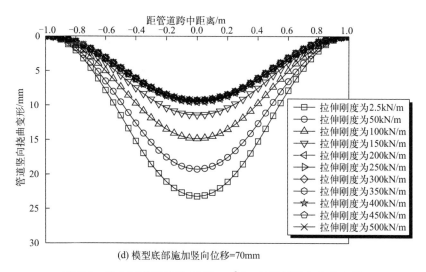

(d) 模型底部施加竖向位移=70mm

图 D-1 纵向弯曲刚度为 $5kN \cdot m^2/m$ 的管道竖向挠曲变形在土工布拉伸刚度不同时的对比

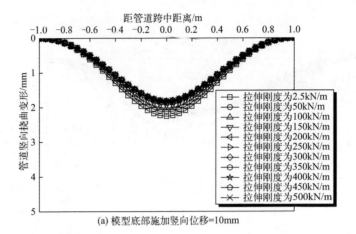

(a) 模型底部施加竖向位移=10mm

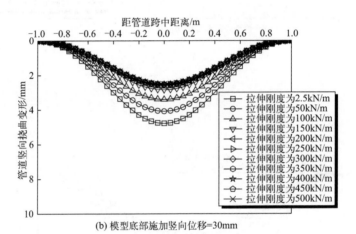

(b) 模型底部施加竖向位移=30mm

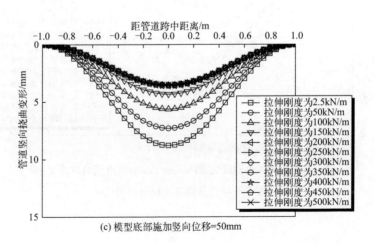

(c) 模型底部施加竖向位移=50mm

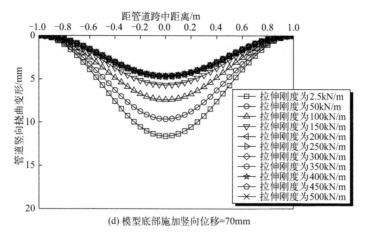

(d) 模型底部施加竖向位移=70mm

图 D-2 纵向弯曲刚度为 154kN·m²/m 的管道竖向挠曲变形在土工布拉伸刚度不同时的对比

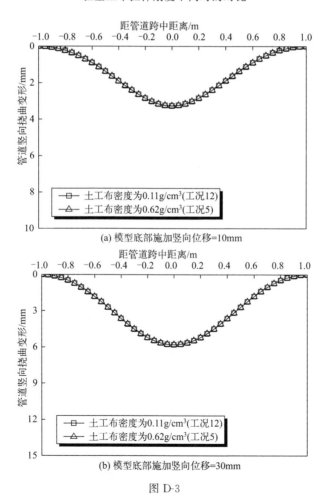

(a) 模型底部施加竖向位移=10mm

(b) 模型底部施加竖向位移=30mm

图 D-3

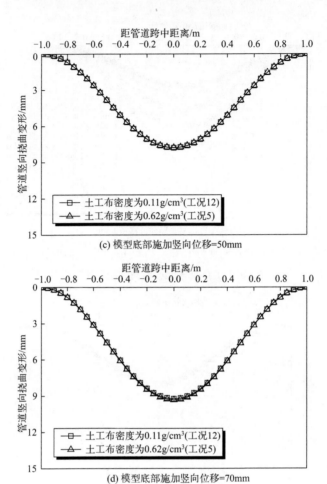

图 D-3 纵向弯曲刚度为 $5kN \cdot m^2/m$ 的管道竖向挠曲变形在不同土工布密度条件下的对比

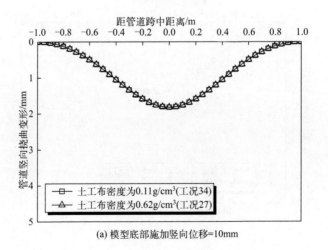

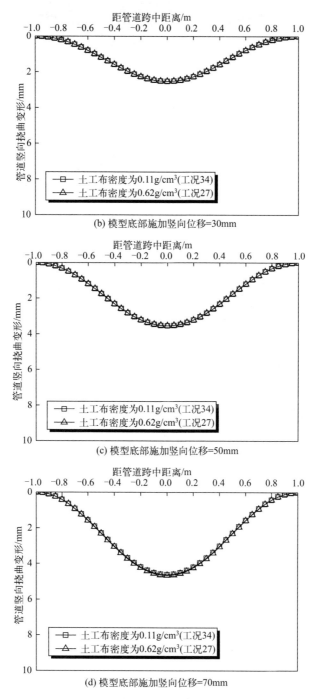

图 D-4 纵向弯曲刚度为 154kN·m²/m 的管道竖向挠曲变形
在不同土工布密度条件下的对比

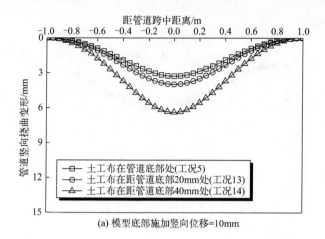
(a) 模型底部施加竖向位移=10mm

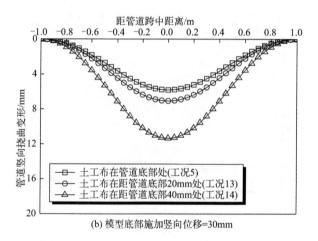
(b) 模型底部施加竖向位移=30mm

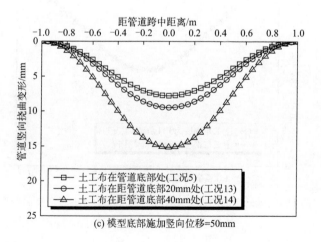
(c) 模型底部施加竖向位移=50mm

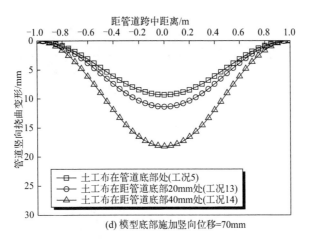

图 D-5 纵向弯曲刚度为 $5kN \cdot m^2/m$ 的管道竖向挠曲变形在土工布加筋铺设位置不同时的对比

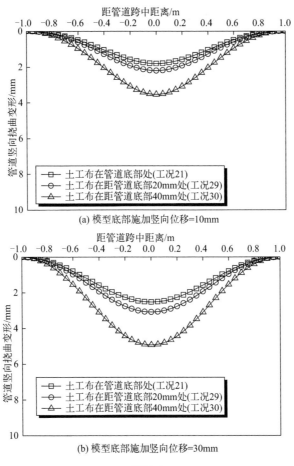

图 D-6

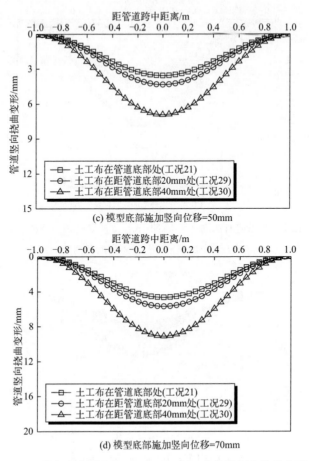

图 D-6 纵向弯曲刚度为 $154 kN \cdot m^2/m$ 的管道竖向挠曲变形在土工布加筋铺设位置不同时的对比

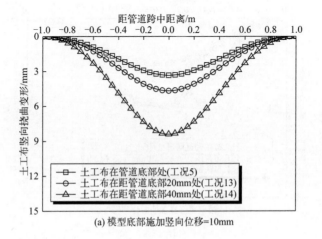

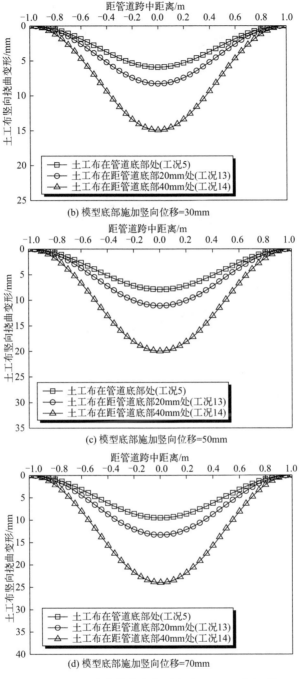

图 D-7 土工布在纵向弯曲刚度为 $5kN \cdot m^2/m$ 的管道底部加筋时其自身的变形

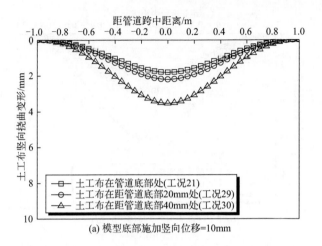

(a) 模型底部施加竖向位移=10mm

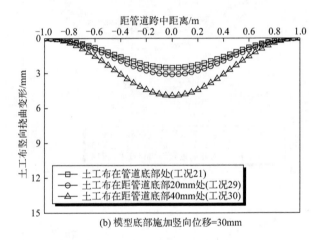

(b) 模型底部施加竖向位移=30mm

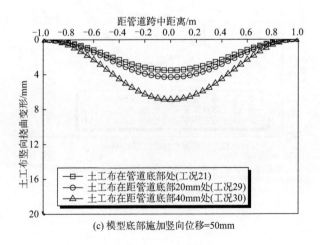

(c) 模型底部施加竖向位移=50mm

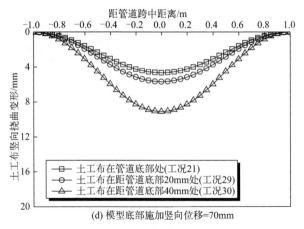

图 D-8 土工布在纵向弯曲刚度为 $154 kN \cdot m^2/m$ 的管道底部加筋时其自身的变形

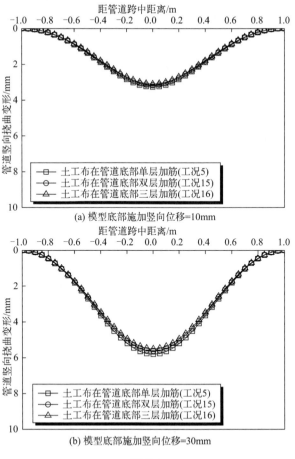

图 D-9

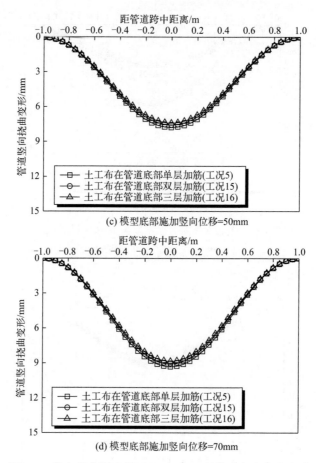

(c) 模型底部施加竖向位移=50mm

(d) 模型底部施加竖向位移=70mm

图 D-9 纵向弯曲刚度为 $5kN \cdot m^2/m$ 的管道竖向挠曲变形在土工布加筋层数不同时的对比

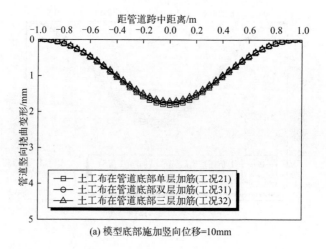

(a) 模型底部施加竖向位移=10mm

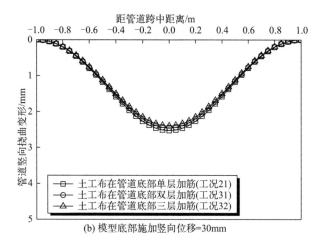

(b) 模型底部施加竖向位移=30mm

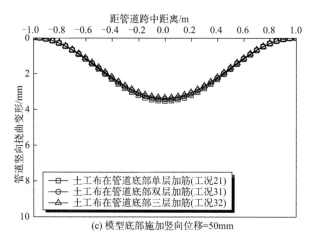

(c) 模型底部施加竖向位移=50mm

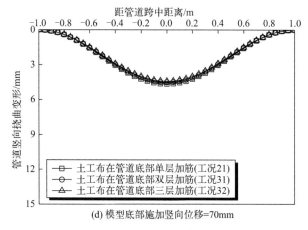

(d) 模型底部施加竖向位移=70mm

图 D-10 纵向弯曲刚度为 $154kN \cdot m^2/m$ 的管道竖向挠曲变形在土工布加筋层数不同时的对比

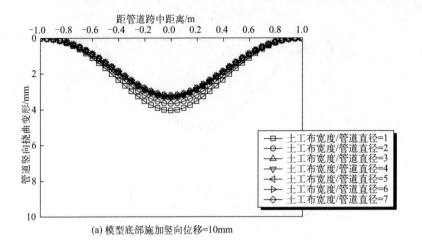

(a) 模型底部施加竖向位移=10mm

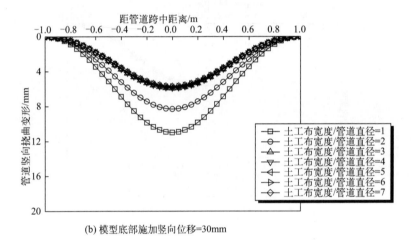

(b) 模型底部施加竖向位移=30mm

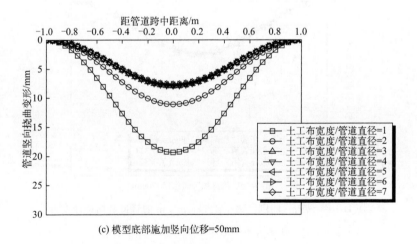

(c) 模型底部施加竖向位移=50mm

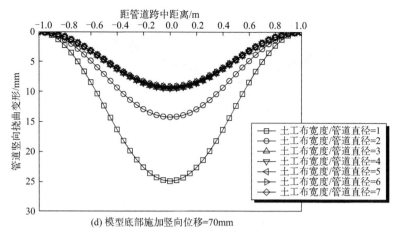

(d) 模型底部施加竖向位移=70mm

图 D-11　纵向弯曲刚度为 $5kN·m^2/m$ 的管道竖向挠曲变形在土工布宽度不同时的对比

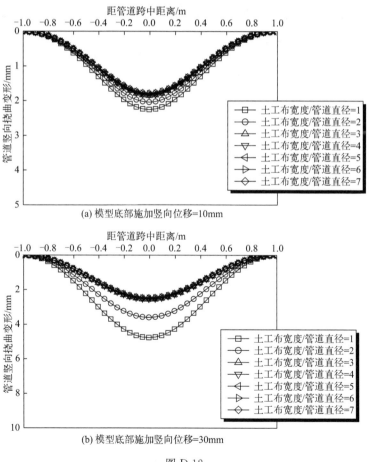

(a) 模型底部施加竖向位移=10mm

(b) 模型底部施加竖向位移=30mm

图 D-12

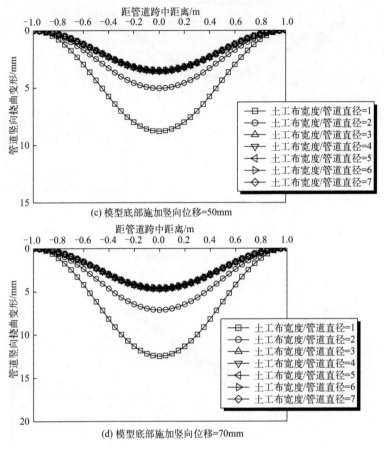

图 D-12 纵向弯曲刚度为 $154kN \cdot m^2/m$ 的管道竖向挠曲变形在土工布宽度不同时的对比

附录 E 土工合成材料对管道加筋保护方法的流程图

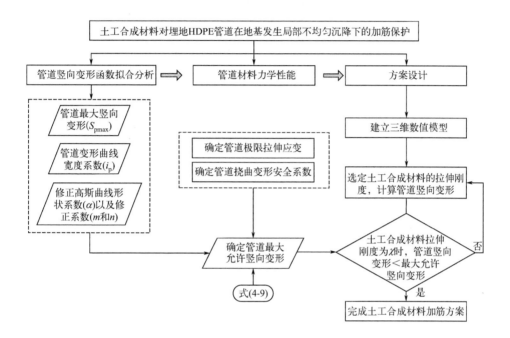

参考文献

[1] 国办发. 国务院办公厅关于加强城市地下管线建设管理的指导意见 [Z]. 2014.

[2] Moser A P, Folkman S. Buried pipe design [M]. New York: McGraw-Hill Professional, 1990.

[3] 蒋孝兵. 穿越道路管道可靠性评估 [D]. 成都: 西南石油大学, 2003.

[4] 史培军, 张欢. 中国应对巨灾的机制——汶川地震的经验 [J]. 清华大学学报 (哲学社会科学版), 2013 (3): 96-113.

[5] Marston A. The theory of external loads on closed conduits in the light of the latest experiments [J]. Highway Research Board Proceedings, 1930, 9: 138-170.

[6] Spangler M G. Foundation Engineering [M]. New York: McGraw-Hill Professional, 1962.

[7] Krynine D P. Discussion of "stability and stiffness of cellular cofferdams" by Karl Terzaghi [J]. Transaction, 1945, 110: 1175-1178.

[8] Handy R L. The arch in soil arching [J]. Journal of Geotechnical Engineering, 1985, 111 (3): 302-318.

[9] 曾国熙. 土坝下涵管竖向土压力的计算 [J]. 浙江大学学报, 1960, 5 (1): 79-97.

[10] Meyerhof G G, Adams J I. The ultimate uplift capacity of foundations [J]. Canadian Geotechnical Journal, 1968, 5 (4): 225-244.

[11] Chen R P, Chen Y M, Ling D S. Analysis of vertical pressure on buried pipeline with case study [J]. Journal of Zhejiang University (SCIENCE), 2000, 1 (4): 414-420.

[12] Li L, Aubertin M. An improved analytical solution to estimate the stress state in subvertical backfilled stopes [J]. Canadian Geotechnical Journal, 2008, 45 (10): 1487-1496.

[13] Matyas E L, Davis J B. Prediction of vertical earth loads on rigid pipes [J]. Journal of Geotechnical Engineering, 1983, 109 (2): 190-201.

[14] Hoeg K. Stresses against underground structural cylinders [J]. Journal of Soil Mechanics & Foundations Div, 1968, 94 (4): 833-858.

[15] McGrath T. Calculating loads on buried culverts based on pipe hoop stiffness [J]. Transportation Research Record: Journal of the Transportation Research Board, 1999 (1656): 73-79.

[16] Spangler M G. The structural design of flexible pipe culverts [R]. Iowa State College Engineering Experimental Station, Ames, IA, USA, 1941.

[17] Watkins R K, Spangler M G. Some characteristics of the modulus of passive resistance of soil: a study in similitude [C]//Highway Research Board Proceedings, 1958: 576-583.

[18] McGrath T J. Design method for flexible pipe [R]. A Rep to the AASHTO Flexible Culvert Liaison Committee, Simpson Gumpertz and Heger Inc, Arlington, Mass, 1998.

[19] Katona M G. Analysis of long-span culverts by the finite element method [J]. Transportation Research Record, 1978: 59-66.

[20] Duncan J M. Behavior and design of long-span metal culverts [J]. Journal of the

Geotechnical Engineering Division,1979,105(3):399-418.

[21] Dhar A S,Moore I D,McGrath T J. Two-dimensional analyses of thermoplastic culvert deformations and strains [J]. Journal of Geotechnical and Geoenvironmental Engineering,2004,130(2):199-208.

[22] McGrath T J,Selig E T,Webb M C,et al. Pipe interaction with the backfill envelope [R]. FHWA-RD-98-191,National Science Foundation,Washington D C,1999.

[23] Taleb B,Moore I D. Metal culvert response to earth loading performance of two-dimensional analysis [J]. Journal of the Transportation Research Board,1999,1656:25-36.

[24] Elshimi T M,Moore I D. Modeling the effects of backfilling and soil compaction beside shallow buried pipes [J]. Journal of Pipeline Systems Engineering and Practice,2013,4(4):04013004-1-10.

[25] 顾安全. 上埋式管道及洞室垂直土压力的研究 [J]. 岩土工程学报,1981,3(1):3-15.

[26] 郑俊杰,陈保国,张世飙. 沟埋式涵洞非线性土压力试验研究与数值模拟 [J]. 岩土工程学报,2008,30(12):1771-1777.

[27] 郑俊杰,赵建斌,陈保国. 高路堤下涵洞垂直土压力研究 [J]. 岩土工程学报,2009,31(7):1009-1013.

[28] Abolmaali A,Kararam A. Nonlinear finite-element-based investigation of the effect of bedding thickness on buried concrete pipe [J]. Journal of Transportation Engineering,2010,136(9):793-799.

[29] Terzi N U,Yilmazturk F,Yildirim S,et al. Experimental investigations of backfill conditions on the performance of highdensity polyethylene pipes [J]. Experimental Techniques,2012,36(2):40-49.

[30] Talesnick M L,Xia H W,Moore I D. Earth pressure measurements on buried HDPE pipe [J]. Geotechnique,2011,61(9):721-732.

[31] Shmulevich I,Galili N,Foux A. Soil stress distribution around buried pipes [J]. Journal of Transportation Engineering,1986,112(5):481-494.

[32] Shmulevich I,Galili N. Deflections and bending moments in buried pipes [J]. Journal of Transportation Engineering,1986,112(4):345-357.

[33] Brachman R W I,Moore I D,Munro S M. Compaction effects on strains within profiled thermoplastic pipes [J]. Geosynthetics International,2008,15(2):72-85.

[34] Dhar A S,Moore I D. Laboratory investigation of local bending in profiled thermoplastic pipes [J]. Advances in Structural Engineering,2004,7(3):201-215.

[35] Talesnick M L,Xia H W,Moore I D. Earth pressure measurements on buried HDPE pipe [J]. Géotechnique,2011,61(9):721-732.

[36] 方有珍,王秀丽,朱彦鹏. 上海软土地区 HDPE 螺旋管现场荷载下的试验研究 [J]. 岩石力学与工程学报,2005,24(5):889-897.

[37] Kawabata T,Ling H I,Mohri Y,et al. Behavior of buried flexible pipe under high fills and design implications [J]. Journal of Geotechnical and Geoenvironmental Engineering,2006,132(10):1354-1359.

[38] 李永刚,张善元. 矩形沟埋涵洞顶部垂直土压力试验和理论研究 [J]. 岩土力

学,2008,29(4):1081-1086.

[39] 李永刚. 沟埋式和上埋式涵洞土压力统一计算理论研究[D]. 太原:太原理工大学,2009.

[40] 边学成,申文明,马祖桥,等. 不同填土管涵土压力模型试验和数值模拟研究[J]. 土木工程学报,2012,45(1):127-133.

[41] Adams D N, Muindi T M, Selig E S. Performance of high density polyethylene pipe under high fill [R]. Amherst: University of Massachusetts, 1988.

[42] Sargand S, Masada T, Tarawneh B, et al. Deeply buried thermoplastic pipe field performance over five years [J]. Journal of Geotechnical and Geoenvironmental Engineering, 2008, 134(8): 1181-1191.

[43] Sargand S M, Hazen G A, Masada T. Field verification of structural performance of thermoplastic pipe under deep backfill conditions [R]. Cincinnati: Ohio Dept of Transportation, 2002.

[44] Sargand S M, Masada T, Schehl D J. Soil pressure measured at various fill heights above deeply buried thermoplastic pipe [J]. Transportation Research Record: Journal of the Transportation Research Board, 2001(1770): 227-235.

[45] Masada T, Sargand S M. Peaking deflections of flexible pipe during initial backfilling process [J]. Journal of Transportation Engineering, 2007, 133(2): 105-111.

[46] Arockiasamy M, Chaallal O, Limpeteeprakarn T. Full-scale field tests on flexible pipes under live load application [J]. Journal of performance of constructed facilities, 2006, 20(1): 21-27.

[47] 中华人民共和国行业标准编写组. 埋地聚乙烯排水管管道工程技术规程(CECS 164:2004)[S]. 北京:中国建筑工业出版社,2004.

[48] ASTM. Standard practice for underground installation of thermoplastic pipe for sewers and other gravity-flow applications D2321-11 [S]. Annual Book of ASTM Standards, ASTM International, West Conshohocken, Pa., 2011.

[49] American Association of State Highway and Transportation Officials (AASHTO). AASHTO LRFD bridge design specifications (second edition) [S]. Washington, D C, 2012.

[50] Winkler E. Die Lehre von der Elastizitat und Festigkeit (The theory of elasticity and stiffness) [M]. Czechoslovakia: Dominicus, Prague, 1867.

[51] Benmansour A, Abdallah A, Masrouri F, et al. Analyse fiabiliste du comportement axial des conduites d'assainissement [J]. Canadian Geotechnical Journal, 1997, 34: 329-343.

[52] 张土乔,李洵,吴小刚. 地基差异沉降时管道的纵向力学性状分析[J]. 中国农村水利水电,2003,(7):46-48.

[53] 陈国华,胡章文,李其期. 地基差异沉降下埋地管道的有限元分析与试验研究[J]. 安全与环境学报,2010,10(3):175-179.

[54] Kerr A D. Elastic and viscoelastic foundation models [J]. Journal of Applied Mechanics, 1964, 31(3): 491-498.

[55] Filonenko-Borodich M M. Some approximate theories of the elastic foundation [J]. Uchenyie Zapiski Moskovskogo Gosudarstuennogo Universiteta Mechanika, 1940, 46: 3-18.

［56］ Hetenyi M A. General solution for the bending of beams on an elastic foundation of arbitrary continuity ［J］. Journal of Applied Physics，2004，21（1）：55-58.

［57］ Pasternak P L. On a new method of analysis of an elastic foundation by means of two foundation constants ［M］. Gosudarstvennoe Izdatel'stvo Litearturi po Stroitel'stvu i Arkhitekture，Moscow，USSR，1954.

［58］ 申文明，唐晓武，边学成，等. 地基不均匀沉降时埋地管涵纵向力学模型探讨［J］. 工业建筑，2010（10）：82-85.

［59］ Reissner E. A note on deflections of plates on a viscoelastic foundation ［J］. Journal of Applied Mechanics，1958，25（1）：144-145.

［60］ Reissner E. Note on the formulation of the problem of the plate on an elastic foundation ［J］. Acta Mechanica，1967，4（1）：88-91.

［61］ Jones R，Xenophontos J. The Vlasov foundation model ［J］. International Journal of Mechanical Sciences，1977，19（6）：317-323.

［62］ Teodoru I B. Beams on elastic foundation the simplified continuum approach ［J］. Bulletin of the Polytechnic Institute of Jassy，2009，55：37-45.

［63］ Attewell P B，Yeates J，Selby A R. Soil movements induced by tunnelling and their effects on pipelines and structures ［M］. Glasgow，UK：Blackis and Son Ltd，1986.

［64］ Klar A，Vorster T E B，Soga K，et al. Soil-pipe interaction due to tunnelling：comparison between Winkler and elastic continuum solutions ［J］. Geotechnique，2005，55（6）：461-466.

［65］ Klar A，Marshall A M，Soga K，et al. Tunnelling effect on jointed pipelines ［J］. Canadian Geotechnical Journal，2008，45：131-139.

［66］ Klar A，Marshall A M. Shell versus beam representation of pipes in the evaluation of tunneling effects on pipelines ［J］. Tunnelling and Underground Space Technology，2008，23：431-437.

［67］ Klar A，Vorster T E B，Soga K，et al. Elastoplastic solution for soil-pipe-tunnel interaction ［J］. Journal of Geotechnical and Geoenvironmental Engineering，2007，133（7）：782-792.

［68］ Vorster T E B，Klar A，Soga K，et al. Estimating the effects of tunneling on existing pipelines ［J］. Journal of Geotechnical and Geoenvironmental Engineering，2005，131（11）：1399-1410.

［69］ 张坤勇，王宇，艾英钵. 任意荷载下管土相互作用解答 ［J］. 岩土工程学报，2010，32（8）：1189-1193.

［70］ 张治国，黄茂松，王卫东. 隧道开挖对层状地基中邻近管道影响的 DCBEM-FEM 耦合方法 ［J］. 岩土工程学报，2011，33（10）：1554-1561.

［71］ 俞剑，张陈蓉，黄茂松. 被动状态下地埋管线的地基模量 ［J］. 岩石力学与工程学报，2012，31（1）：123-132.

［72］ ALA（American Lifeline Alliance）. Guidelines for the design of buried steel pipe ［S］. Washington D C：American Lifeline Alliance（ALA），a public-private partnership between American Society of Civil Engineers（ASCE）and Federal Emergency Management Agency（FEMA），2001.

［73］ ASCE. Guidelines for the seismic design of oil and gas pipeline systems ［S］. New York：Committee on Gas and Liquid Fuel Lifelines. American Society of Civil Engineers，1984.

[74] Saiyar M. Behaviour of buried pipelines subject to normal faulting [D]. Kingston: Queen's University, 2011.

[75] Ni P. Nonlinear soil-structure interaction for buried pressure pipes under differential ground motion [D]. Kingston: Queen's University, 2016.

[76] O'Rourke M J, El Hmadi K E. Analysis of continuous buried pipelines for seismic wave effects [J]. Earthquake Engineering and Structural Dynamics, 1988, 16: 917-929.

[77] Suzuki N, Arata O, Suzuki I. Subject to liquefaction-induced permanent ground displacement [C]//Proceedings of First Japan-U S Workshop on Liquefaction, Large Ground Deformation and Their Effects on Lifeline Facilities, Tokyo, Japan, 1988: 155-162.

[78] Kobayashi T, Nakane H, Suzuki N, et al. Parametric study on flexibility of buried pipeline subject to large ground displacement [C]//Proceedings of the Second U.S.-Japan Workshop on Liquefaction, Large Ground Deformation and Their Effects on Lifelines, Buffalo, New York, 1989: 348-362.

[79] O'Rourke, M J. Approximate analysis procedures for permanent ground deformation effects on buried pipelines [C]//Proceedings of the Second U S-Japan Workshop on Liquefaction, Large Ground Deformation and Their Effects on Lifelines, Buffalo, New York, 1989.

[80] Miyajima M, Kitaura M. Effects of liquefaction-induced ground movement on pipeline [C]//Proceedings of the Second U S-Japan Workshop on Liquefaction, Large Ground Deformation and Their Effects on Lifelines, Buffalo, New York, 1989: 386-400.

[81] Peck R B. Deep excavation and tunneling in soft ground [C]//Proc 7th Int Conf on Soil Mech & Found Engng, Mexico City, 1969: 266-290.

[82] Yoosef-Ghodsi N, Zhou J, Murray D W. A simplified model for evaluating strain demand in a pipeline subjected to longitudinal ground movement [C]//7th International Pipeline Conference. American Society of Mechanical Engineers, 2008: 657-664.

[83] Yoosef-Ghodsi N, Zhou J, Murray D W. A simplified model for evaluating strain demand in a pipeline subjected to longitudinal ground movement [C]//7th International Pipeline Conference. American Society of Mechanical Engineers, 2008: 657-664.

[84] Chua K M, Lytton R L. A new method of time dependent analysis for interaction of soil and large diameter flexible pipe [C]//Proc, 66th Annual Meeting, TRB, Washington D C, 1987.

[85] Ariman T, Muleski G E. A review of the response of buried pipelines under seismic excitations [J]. Earthquake Engineering & Structural Dynamics, 1981, 9 (2): 133-152.

[86] 柳春光, 史永霞. 沉陷区域埋地管线数值模拟分析 [J]. 地震工程与工程振动, 2008, 28 (4): 178-183.

[87] 刘学杰, 孙绍平. 地下管道穿越断层的应变设计方法 [J]. 特种结构, 2005, 22 (2): 81-85.

[88] 李小军, 侯春林, 赵雷, 等. 考虑压缩失效时埋地管线跨地震断层的最佳交角研究 [J]. 应用基础与工程科学学报, 2006, 14 (2): 203-209.

[89] 金浏, 王苏, 杜修力. 场地沉陷作用下埋地管道屈曲反应分析 [J]. 世界地震工程, 2011, 27 (2): 142-147.

[90] Jeyapalan J K, Abdel-Magid B M. Longitudinal stresses and strains in design of

RPM pipes [J]. Journal of Transportation Engineering,ASCE,1987,113 (3):315-331.

[91] Moore I D,Taleb B. Metal culvert response to live loading: Performance of three-dimensional analysis [J]. Transportation Research Record: Journal of the Transportation Research Board,1999 (1656):37-44.

[92] O'Rourke M,Gadicherla V,Abdoun T. Centrifuge modeling of PGD response of buried pipe [J]. Earthquake Engineering and Engineering Vibration,2005, 4 (1):69-73.

[93] Vorster T E B. The effects of tunnelling on buried pipes [D]. Cambridge: Cambridge University,2005.

[94] Bransby M F,Nahas E,Turner E,et al. The interaction of reverse faults with flexible continuous pipelines [J]. International Journal of Physical Modelling in Geotechnics,2007,7 (3):25-40.

[95] White D,Cheuk C,Bolton M. The uplift resistance of pipes and plate anchors buried in sand [J]. Géotechnique,2008,58 (10):771-779.

[96] Saiyar M,Ni P,Take W A,et al. Response of pipelines of differing flexural stiffness to normal faulting [J]. Géotechnique,2016,66 (4):275-286.

[97] Wang F,Du Y J,Yang X M. Physical modeling on ground responses to tunneling in sand considering the existence of HDPE pipes [J]. ASTM Geotech. Test. J,2015, 38 (1):85-97.

[98] Weerasekara L,Wijewickreme D. Mobilization of soil loads on buried, polyethylene natural gas pipelines subject to relative axial displacements [J]. Canadian Geotechnical Journal,2008,45 (9):1237-1249.

[99] O'Rourke T D. Geohazards and large,geographically distributed systems [J]. Geotechnique,2010,60 (7):505-543.

[100] Li H,Xue N,Li X,et al. An in-situ experimental study on buried pipelines with internal pressure subject to a simulated reverse-slip fault movement [C]//In the 15th World Conference on Earthquake Engineering,Beijing,2012.

[101] 周敏,杜延军,王非,等. 地层沉陷中埋地HDPE管道力学状态及模型试验分析 [J]. 岩土工程学报,2016,38 (2):253-262.

[102] 周敏,杜延军,王非,等. 地面沉陷过程中埋地HDPE管道力学行为研究 [J]. 岩石力学与工程学报,2017,36 (增刊2):4177-4187.

[103] Scheiner S,Pichler B,Hellmich C,et al. Loading of soil-covered oil and gas pipelines due to adverse soil settlements-Protection against thermal dilatation-induced wear, involving geosynthetics [J]. Computers and Geotechnics, 2006,33 (8):371-380.

[104] Bhandari A,Han J,Wang F. Micromechanical analysis of soil arching in geosynthetic-reinforced pile supported embankments [J]. ASCE Geotechnical Special Publication,2009 (189):47-52.

[105] Han J,Gabr M A. Numerical analysis of geosynthetic-reinforced and pile-supported earth platforms over soft soil [J]. Journal of Geotechnical and Geoenvironmental Engineering,2002,128 (1),44-53.

[106] Bueno B S,Viana P M F,Zornberg J G. A novel construction method for buried pipes using geosynthetics [C]//Geo-Frontiers Congress,Austin,Texas, 2005:1-7.

[107] Corey R, Han J, Khatri D K, et al. Laboratory study on geosynthetic protection of buried steel-reinforced HDPE pipes from static loading [J]. Journal of Geotechnical and Geoenvironmental Engineering, 2014, 140 (6): 1-10.

[108] Tupa N, Palmeira E M, Pimentel K C A. Simulation of explosions of pressurised pipes in geosynthetic reinforced embankments [C]//Slopes and Retaining Structures under Seismic and Static Conditions, 2005: 1-9.

[109] Palmeira E M, Andrade H K P A. Protection of buried pipes against accidental damage using geosynthetics [J]. Geosynthetics International, 2010, 17 (4): 228-241.

[110] Hegde A, Kadabinakatti S, Sitharam T G. Protection of buried pipelines using a combination of geocell and geogrid reinforcement: experimental studies [C]//Ground Improvement and Geosynthetics, Shanghai, 2014: 289-298.

[111] Mehrjardi G T, Tafreshi S N M, Dawson A R. Pipe response in a geocell-reinforced trench and compaction considerations [J]. Geosynthetics International, 2013, 20 (2): 105-118.

[112] Kawabata T, Uchida K, Hirai T, et al. Experiments on buried pipe using backfill of cover with geosynthetics [C]//Proc of the ASCE International Conference on Pipeline Engineering and Construction, Baltimore, 2003: 1271-1278.

[113] Tafreshi S N M, Khalaj O. Laboratory tests of small-diameter HDPE pipes buried in reinforced sand under repeated-load [J]. Geotextiles and Geomembranes, 2008, 26 (2): 145-163.

[114] ASTM. Joints for drain and sewer plastic pipes using flexible elastomeric seals D3212-20 [S]. Annual Book of ASTM Standards, ASTM International, West Conshohocken, Pa, 2020.

[115] ASTM. Elastomeric seals (gaskets) for joining plastic pipe F477-14 [S]. Annual Book of ASTM Standards, ASTM International, West Conshohocken, Pa, 2014.

[116] ASTM. Large diameter corrugated polyethylene pipe and fittings F667/F667M-16 [S]. Annual Book of ASTM Standards, ASTM International, West Conshohocken, Pa, 2016.

[117] ASTM. Standard test method for installation acceptance of plastic gravity sewer lines using low-pressure air F1417-11a (2019) [S]. Annual Book of ASTM Standards, ASTM International, West Conshohocken, Pa, 2019.

[118] Kurdziel J M. Design of profile gaskets for corrugated polyethylene pipe [J]. Pipelines, 2004, 146: 1-10.

[119] Romer A E, Kienow K K. Rubber gasket concrete pipe joints…: eliminating the smoke and mirrors [C]//Pipeline Engineering and Construction: What's on the Horizon? San Diego, 2004: 1-13.

[120] Rowe R K, Quigley R M, Brachman R W I, et al. Barrier systems for waste disposal facilities [M]. London: Spon Press, 2004.

[121] Kurdziel J M. Design of profile gaskets [C]//Transportation Research Board Annual Conference, Washington D C, 2002.

[122] Dittel C, Quasada G. Innovation by evolution modern techniques for integral pipe joint design [C]//ASCE Pipelines, Atlanta, 2008.

[123] Rahman S, Watkins R K. Longitudinal mechanics of buried thermoplastic pipe:

analysis of PVC pipes of various joint types [C]//In Pipelines 2005: Optimizing Pipeline Design, Operations, and Maintenance in Today's Economy 2005: 1101-1116.

[124] American Concrete Pipe Association (ACPA). Concrete pipe design manual [Z]. Vienna, 2009.

[125] Benmansour A, Abdallah A, Masrouri F, et al. Reliability analysis of the axial behavior of sewer pipes [J]. Canadian Geotechnical Journal, 1997, 34 (3): 329-343.

[126] Rajani B, Tesfamariam S. Uncoupled axial, flexural, and circumferential pipe-soil interaction analyses of partially supported jointed water mains [J]. Canadian Geotechnical Journal, 2004, 41 (6): 997-1010.

[127] Buco J, Emeriault J, Le Gauffre P, et al. Statistical and 3D numerical identification of pipe and bedding characteristics responsible for longitudinal behavior of buried pipe [C]//Pipeline Division Specialty Conference, Illinois, Chicago, 2006: 1-10.

[128] Buco J. Analyse et modélisation du comportement mécanique des conduites enterrées [D]. Lyon: INSA, 2007.

[129] Balkaya M, Moore I D, Sağlamer A. Study of nonuniform bedding due to voids under jointed PVC water distribution pipes [J]. Geotextiles and Geomembranes, 2012, 34: 39-50.

[130] 吴念. 我国HDPE双壁波纹管发展现状 [J]. 塑料, 2007, 36 (5): 39-42.

[131] 陈秀华. HDPE双壁波纹管在市政排水工程中的应用优势 [J]. 广东建材, 2006 (6): 7-9.

[132] Zhou M, Moore I D, Lan H. Experimental study on gasketed bell and spigot joint behaviour of lined-corrugated HDPE pipe subjected to normal fault [DB]. Géotechnique, Published Online: December 07, 2021. https://doi.org/10.1680/jgeot.21.00196.

[133] 中华人民共和国建设部，中华人民共和国国家质量监督检验检疫总局. 土的工程分类标准: GB/T 50145—2007 [S]. 北京: 中国计划出版社, 2008.

[134] 中华人民共和国建设部. 土工试验方法标准（GB/T 50123—2019）[S].

[135] Chua K M. Time-dependent interaction of soil and flexible pipe [D]. Texas: Texas A&M University, 1986.

[136] Brinkgreve R B J. Plaxis: finite element code for soil and rock analyses: 2D-version 8.5: (User's Guide) [M]. Netherlands: Balkema, Delft, 2006.

[137] Bolton M D. The strength and dilatancy of sands [J]. Geotechnique, 1986, 36 (1): 65-78.

[138] Howard A, Spridzans J B, Schrock B J. Latvia field test of 915 mm fiberglass pipe [J]. Buried Plastic Pipe Technology, 1994, 2: 3-21.

[139] Fleming P R, Faragher E, Rogers C D F. Laboratory and field testing of large-diameter plastic pipe [J]. Transportation Research Record, 1997 (1594): 208-216.

[140] Han J, Gabr M A. Numerical analysis of geosynthetic-reinforced and pilesupported earth platforms over soft soil [J]. J Geotech Geoenviron Eng, 2002, 128 (1): 44-53.

[141] Federal Construction Council Task Group T-52. Thermoplastic piping for potable wa-

ter distribution systems [R]. Technical Report No. 61, BRAB-Federal Construction Council, National Academy of Sciences, Washington D C, 1971.

[142] Attewell P B, Farmer I W. Ground deformations resulting from shield tunneling in London clay [J]. Canadian Geotechnical Journal, 1974, 11 (3): 380-395.

[143] Celestino T B, Gomes R, Bortolucci A A. Errors in ground distortions due to settlement trough adjustment [J]. Tunnelling and Underground Space Technology, 2000, 15 (1): 97-100.

[144] Terzaghi K. Theoretical Soil Mechanics [M]. New York: John Wiley and Sons, Inc, 1943.

[145] 中华人民共和国住房和城乡建设部.建筑给水塑料管道工程技术规程: CJJ/T 98—2014 [S].北京: 中国建筑工业出版社, 2015.

[146] 中华人民共和国住房和城乡建设部.土工合成材料应用技术规范: GB/T 50290—2014 [S].北京: 中国计划出版社, 2015.

[147] 中华人民共和国国家质量监督检验检疫总局, 中国国家标准化管理委员会.土工合成材料 短纤针刺非织造土工布: GB/T 17638—2017 [S].北京: 中国标准出版社, 2017.

[148] 中华人民共和国交通部.公路工程土工合成材料 有纺土工织物: JT/T 514—2004 [S].北京: 人民交通出版社, 2004.

[149] 中华人民共和国住房和城乡建设部.建筑给水排水设计标准: GB 50015—2019 [S].北京: 中国计划出版社, 2019.

[150] Watkins R K, Anderson L R. Structural mechanics of buried pipes [M]. Boca Raton: CRC Press, 1999.

[151] Xie X, Symans M D, O'Rourke M J, et al. Numerical modeling of buried HDPE pipelines subjected to normal faulting: a case study [J]. Earthquake Spectra, 2013, 29 (2): 609-632.

[152] White D J, Take W A, Bolton M D. Soil deformation measurement using particle image velocimetry (PIV) and photogrammetry [J]. Géotechnique, 2003, 53 (7): 619-631.

[153] Tognon A R, Kerry R R, Brachman R W. Evaluation of side wall friction for a buried pipe testing facility [J]. Geotextiles and Geomembranes, 1999, 17 (4): 193-212.

[154] 孙训方.材料力学（Ⅰ、Ⅱ）[M].4版.北京: 高等教育出版社, 2002.

[155] Tooley M. Design engineering manual [M]. Amsterdam: Elsevier, 2009.

[156] Karamitros D K, Bouckovalas G D, Kouretzis G P, et al. An analytical method for strength verification of buried steel pipelines at normal fault crossings [J]. Soil Dynamics and Earthquake Engineering, 2011, 31 (11): 1452-1464.

[157] ASTM. Polyethylene (PE) Large diameter profile wall sewer and drain pipe F894-13 [S]. Annual Book of ASTM Standards, ASTM International, West Conshohocken, Pa., 2013.

[158] Becerril G D, Moore I D. Rotational characteristics of a gasketed bell and spigot joint in a pressurized reinforced concrete pipeline [J]. Journal of Pipeline Systems Engineering and Practice, 2015, 7 (1): 04015010.

[159] Moore I D, Garcia D B, Sezen H, et al. Structural design of culvert joints [R]. U S National Cooperative Highway Research Program (NCHRP), 2012.

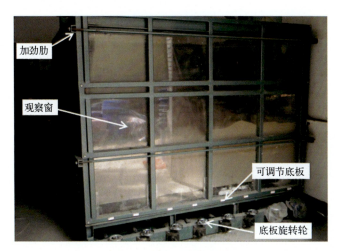

图 3-1 试验模型箱照片

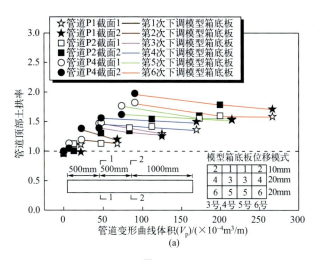

(a)

图 3-25

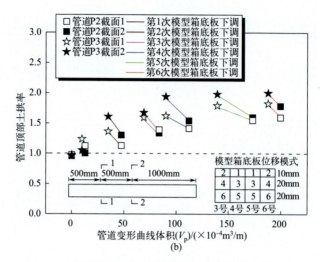

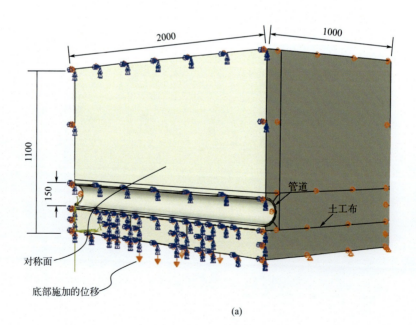

图 3-25 管道顶部土拱率随管道变形曲线体积的变化

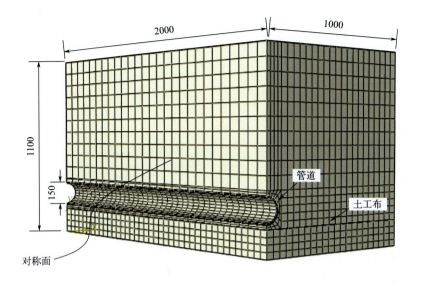

(b)

图 4-6 数值模型（单位：mm）

图 6-1 HDPE 双壁波纹管道的承插式橡胶垫圈接头

图 6-10　PIV 监测点以及钢弦式位移计在管道接头处的布置

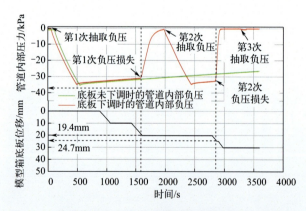

图 6-23　管道内部负压在下调模型箱底板时随时间的损失